Police Visual Series

ヴィジュアル法学

事例で学ぶ 憲法 新装版

実務法学研究会＝編
立澤克美＝作画

東京法令出版

はしがき

憲法は人が生まれながらに享有している基本的人権を保障し、人が人として生活できるようにさまざまな自由権、財産権などの保障を明記し根拠づけた日本の最高法規である。

そして、あらゆる法律はこの憲法を根拠に制定され、法治国家が形成されている。

刑事手続に関する条文は、わずか一〇三条の中で一〇か条以上にわたって詳細に規定されているが、刑事被告人の人権保障に重きを置いていることがうかがわれる。

法の執行者としての警察官には、刑事手続に関して正しい知識と判断が不可欠である。そして常に刑事裁判の展開には関心を持ち、判例に目を向ける必要がある。

本書は、捜査実務に携わる者がふっと疑問に思う刑事手続上の憲法問題をテーマにして、教官と学生との問答形式で表現し、理解しやすくコンパクトにまとめたものである。

本書が、「人権の保障と真実の探求」という基本スタンスで捜査が行われるための参考書として活用されれば幸いである。

平成一二年八月

実務法学研究会

参考文献

・「判例で学ぶ憲法」　藤永幸治（東京法令出版）
・「憲法を話そう」　渡辺咲子（立花書房）
・「わかりやすい憲法101問」　田村正博（立花書房）
・「憲法講話」　佐藤達夫（立花書房）
・「判例と学説Ⅰ　憲法」　阿部照哉（日本評論社）
・「実例法学全集　刑事訴訟法（新版）」　平野龍一・松尾浩也（青林書院新社）
・「判例学説中心　捜査手続法精義」　吉田　昭（東京法令出版）
・「令状請求の実務」　石毛平藏（東京法令出版）
・「刑事訴訟法綱要（七訂版）」　団藤重光（創文社）

目次

第一章　憲法の基本原理

憲法を学習するに当たって

教官　これから憲法の講義を始めるわけですが、日頃憲法をどのようにして勉強していますか。

学生　教官、我々捜査員は、捜査上の手続については、刑法なり刑事訴訟法を勉強して、また刑事判例も研究して、それぞれの事案に対応し、犯人検挙や捜索、公判の維持のため努力していますが、こと憲法となると二の足を踏むんです。

教官　そうですね。警察官は、あまり憲法を見ることはしませんね。警察学校での授業を受けて以来の勉強ではないのですか。

学生　そうです。今週は憲法の講義を受けるわけですが、もう既に頭はパニクッています。

教官　講義といっても憲法すべてを勉強するわけではありません。警察業務を執行する上で、特に犯罪捜査に従事する君は、常に基本的人権の保障（人身の自由の保障）と公共の福祉（公共の安全と福祉の維持）を念頭に置いた犯罪捜査なり、刑事手続を行っていると思います。

これからの講義では、憲法上の刑事手続と刑事被告人の基本的人権について学習したいと思いますので、この機会によく憲法を理解して一層合法・合理・妥当な捜査、いわゆる適正な捜査に努めてください。

1　基本的人権と公共の福祉

だいたい東京の中学じゃ丸刈りにしなければならない校則なんてないじゃねえかおかしいぞ先生！

中村の主張――

地域によって取扱いを異にするのは憲法第一四条の「法の下の平等」に反する。

ヨソはヨソ
ウチはウチ
校則は学校の自主性に基づいて認められているんだ。

じゃあ女子はいいのか？

女は長髪を認められているのに……これは、男女差別だ！

男女間には髪型について異なる慣習がある。

むむ……

違いを設けるのはむしろ合理的な差別じゃないか。

でもよ先生……オレのやってるバンドに坊主は合わないんだよ。

なのに、丸刈りを強制するのは……

思想の自由に反するぞ!!

中学生のくせに髪型が思想の表現であるわけがないだろう！

第一一条〔基本的人権の享有〕
国民は、すべての基本的人権の享有を妨げられない。この憲法が国民に保障する基本的人権は、侵すことのできない永久の権利として、現在及び将来の国民に与へられる。

第一二条〔自由・権利の保持の責任と濫用の禁止〕
この憲法が国民に保障する自由及び権利は、国民の不断の努力によつて、これを保持しなければならない。又、国民は、これを濫用してはならないのであつて、常に公共の福祉のためにこれを利用する責任を負ふ。

第一三条〔個人の尊重〕
すべて国民は、個人として尊重される。生命、自由及び幸福追求に対する国民の権利については、公共の福祉に反しない限り、立法その他の国政の上で、最大の尊重を必要とする。

学生　早速ですが、刑事手続とは関係ありませんが、以前から疑問に感じたことですが基本的人権は、日本で生活する外国人に対してはどの程度保障されているのですか。例えば、公立小学校に入学する権利や、生活保護を受ける権利は認められているのですか。

教官　今や国際化の時代で日本に滞在する外国人は年々増加していますし、その外国人による凶悪な犯罪や覚醒剤の密売事件が大きな社会問題になっていますね。

これとは別に、日本が来日外国人に対して人権問題についての高い見識と国際水準で臨むことが、国際レベルとして評価されることではないでしょうか（国際人権規約で内外人平等の原則を採っている）。

憲法は、第三章で「国民の権利及び義務」について規定しています。この中に刑事被告人の基本的人権も当然含まれています。基本的人権で分類される自由権、参政権、社会権等が規定されています。

第一一条から第一三条に規定されている基本的人権の享有の主体（受益者）としては、国家の構成員として受動的な地位にあるすべての自然人を指すと解されています。

憲法には、外国人の基本的人権を保障するこ

論点（ポイント）

○　**権利の享有主体性**
○　**基本的人権と公共の福祉との関係**

とを明確に規定したものはありません。しかし、基本的人権が人間が人間として生まれながらに持っているものとする立場にあることからしても、当然、外国人についても一定の範囲で享有できる権利です。ただ、一般的な性格の権利について「何人も」という言葉で表現され、この権利が日本人に限られたものではないことを示していますが、これらの権利を外国人にも適用するか否かは法律に委ねるべきではないでしょうか。

また、君の質問の権利は社会権であり、この社会権はその外国人の所属する国に対する権利であり、保障する責任はその国家にありますので、憲法上は認められない権利です。

学生　認められないものもあるのですね。

教官　あります。今話した社会権のほかに参政権があります。参政権は、国民の主権者としての反映であること、また、社会権は国家に対し積極的な行為を要求することですから、外国人にまで認めておりません。

学生　それで問題はありませんか。

教官　たとえ社会保障の対象から除いたとしても問題はありません。また、仮に外国人に保障が及ぶ場合であっても、これを制限することは、公共の福祉の必要性が人権の保障の必要性を上回るときに限って認められていま す。例えば一定の職業から排除すること、特別の義務を課すことなど、合理的な理由があれば、国民と異なった取扱いをすることは認められています。

学生　外国人犯罪者が、不当な逮捕に対して刑事補償を求める権利はありますか。

教官　この場合は人身の自由の侵害であり、日本人と同様にその権利は保障されます。

それでは刑事手続に関しての憲法上の人身の自由の保障に入る前に、「基本的人権の享有」について学習してみましょう。

学生　憲法の基本原理は、国民主権、基本的人権の尊重、及び平和主義の三原則からなっていますが、この国民主権の国民にはすべての人、つまり天皇とか、皇族も含まれるのでしょうか。

教官　確かに憲法は前文において「ここに主権が国民に存することを宣言し、この憲法を確定する。」として、国民主権の原理を採ることを明文化しています。「国民主権」という考えには、統治の主体としての地位にある天皇は除く意味がありますから、天皇については、「象徴」としての地位にふさわしい身分法や刑事法の特例を定め、選挙権や被選挙権などの政治的権利が否認されています。しかし、私生活においては一般国民と同様の自由や保障を享有します。

よって、基本的人権は「人が人であることにより生まれながらに有する権利」であると考えれば、皇族や外国人に限って認めないとする理由はありません。また、皇族に関する決め事は、皇室の憲法というべき「皇室典範」という法律が根拠となっております。

法人についても、その活動の効果は詰まるところ自然人に帰属するものであり、性質上可能である限り適用を受けます。

学生　この三原則は、今後憲法改正がなされる場合は変更なり、改正はありますか。

教官　この三原則は、変更が許されない最も重要な規範です。

学生　そうしますと、外国人はどのような基本的人権も、すべて享有できるとの解釈はできないということですか。

教官　先ほども説明しましたが、憲法の保障する基本的人権はその性質上国民のみを対象とするものを除き外国人にも認められている権利です。ただし、すべての権利というものではなく、一定の範囲で制約を受けます。

学生　生命に関する権利について、人の死が従来の心臓死と脳死となったわけですが、脳死判定をすることは、生命の自由の権利を侵害しているのではないのでしょうか。

教官　人の生命は地球より重いとか、最も尊重するべきものであり、他と比べるべき性質のものではありません。ですから、人の死を心臓死と脳死に規定上明確に区別したにすぎず、脳死判定そのものが生命の自由を侵害する行為には当たりません。

学生　それでは、本事例のような場合はどうでしょうか。

公立中学校の校則で生徒の服装や髪型を決めることは、生徒の自己決定権を侵すもので、第一三条違反ではないですか。

教官　そうですね。最近の女子高校生は茶髪にピアスですね。判例によると、校長は生徒を規律する校則を定める包括的権能を有し、それが教育目的から内容に著しい不合理が認められない限り違憲とはいえません（熊本地判昭60・11・13）。

学生　個人の基本的人権の享有は理解できました。でも、この権利も社会の一員として共同生活を営む以上当然制約を受けると思いますが、どの程度の限界がある権利なのでしょうか。憲法には第一三条に「公共の福祉に反しない限り」と条件が付いていますが…。

教官 そうですね。社会生活を営む以上はそこに制約が存在するものであって、他の人の権利や社会全体の利益を害するような絶対無制限の権利まで認められていません。

「公共の福祉」による制約は、当然のことながら必要最小限にとどめなければなりません。その具体的な限界は、個々の場合にそれぞれ異なりますので、制約される権利の性質、制限により保護される利益、制約の手段等を総合的に検討して判断するほかはありません。

学生 もっぱら個人の内面にとどまる純然たる内心の自由についでは性質上制約されることはありませんね。

教官 基本的人権の制約は、個人や社会全体の利益との調整を図るためになされるものですから、当然内心の自由まで制約するものではありません。

もちろん、その他の形をとって外部に現れたときは調整を行う必要があります。

学生 第二二条、第二九条に限ってあえて「公共の福祉」と明記されているのは理由があるのですか。

教官 憲法はそれ以外にも、人権全般に関する第一二条、第一三条で「公共の福祉」を明文化しておりますが、特に公益との調整、又は人権の制約を受ける規定についてはこのように明記しています。

それでは、憲法第一三条、第一九条、第二〇条について順次勉強してみましょう。

●参考判例●

・マクリーン事件（最大判昭53・10・4）
・八幡製鉄事件（最大判昭45・6・24）

〈本事例の検討〉

本事例と同種の事案について、熊本地裁昭和六〇年一一月一三日の判決で次のような判断が示されている。

1 憲法第一四条について

① 居住地による差別

「服装規定等校則は各中学校において独自に判断して定められるべきものであるから、それにより差別的取扱いを受けたとしても、合理的な差別であって、憲法一四条に違反しない。」

② 性別による差別

「男性と女性とでは髪形について異なる慣習があり、いわゆる坊主刈については、男子にのみその習慣があることは公知の事実であるから、髪形につき男子生徒と女子生徒で異なる規定をおいたとしても、合理的な差別であって、憲法一四条には違反しない。」

2　憲法第三一条について

「本件校則には、本件校則に従わない場合に強制的に頭髪を切除する旨の規定はなく、かつ、本件校則に従わないからといって強制的に切除することは予定していなかったのであるから、右憲法違反の主張は前提を欠くものである。」

3　憲法第二一条について

「髪形が思想等の表現であるとは特殊な場合を除き、見ることはできず、特に中学生において髪形が思想等の表現であると見られる場合は極めて希有であるから、本件校則は、憲法二一条に違反しない。」

2　個人の尊重と公共の福祉

A 00
B・123
後日——
どうしたの？
違反通知がきたよ。この前の高速でオービスに撮られたみたいだ。
しかし…勝手に写真を撮っていいのかな？
へえ～アイドルのUちゃんが「肖像権侵害で写真週刊誌を告訴」だって。
肖像権…
そうだよこれは肖像権の侵害だよ。
肖像権は俺にだってあるんだ！
肖像権は判例上憲法第一三条を根拠に認められている。
証拠になる以前にプライバシーを侵害されてるんだ。
ポイ
こんなもの認められるか！
でもUちゃんはなにも違反してないのよ。

第一三条［個人の尊重］　すべて国民は、個人として尊重される。生命、自由及び幸福追求に対する国民の権利については、公共の福祉に反しない限り、立法その他の国政の上で、最大の尊重を必要とする。

学生　憲法第一三条は、「個人の尊重」を規定しており、それを根拠にプライバシー権、肖像権等が主張されていますが、犯罪捜査の目的で行われる写真撮影との関係はどうなっていますか。

教官　君は、肖像権とはどのような権利として理解していますか。

学生　自分の容姿や容貌をみだりに他人から承諾なしに撮影されたり、使用されたりしない権利と思います。

教官　それならば、どのような場合でもその肖像権は保障されなければなりませんか。

学生　決してそのような権利ではないと思います。憲法第一二条においても、「これを濫用してはならないのであつて、常に公共のためにこれを利用する責任を負ふ。」と明文化し、公共の福祉に反しない限りにおいて尊重されることを意味していると思います。

論点（ポイント）

- ○　**肖像権の保障は無制限に許されるか**
- ○　**公共の福祉による限界はどこまでか**

教官　そうです。確かに憲法第一一条で「侵すことのできない永久の権利」として基本的人権を保障していますが、個人も社会を構成する一員として共同生活を営む以上、他の構成員の権利や社会全体の利益を犠牲にしてまで個人の権利を尊重することまで憲法は認めていません。

学生　公共の福祉と個人の尊重とは相反するものかと思いますし、その限界が難しいですね。

教官　そうですね。その判断は難しいものがあります。ですから、このように考えたら理解できませんか。

　それは、「公共の福祉の限界」が個人の尊重を制約できる限界ということです。しかし、その制約は必要最小限度にとどめなければならないことは当然です。

学生　具体的な限界といいますと。

教官　それは個々の場合によって判断することになります。ですから、制約される権利の性格、制約により保護される利益、制約の手段等を総合的に判断するしかありません。

学生　ですから内心の自由は性格上制約されるこ

とはないのですね。

教官　そうです。基本的人権の制約は、他の個人や社会全体の利益との調整を図るためになされるものであるからです。

したがって、個人の内面にとどまる内心の自由は、言論その他の形となって外部に現れたとき初めて調整を行うことが可能となります。

学生　そうしますと、警察が犯罪捜査等で個人の写真を撮影することは犯罪捜査という公共の利益のために行うものであるから、個人としては当然制約を受けたり、受忍しなければいけないのですね。

教官　警察といえども、正当な理由なく個人の容貌等を撮影することは許されません。

しかし、犯罪捜査は公共の福祉のために警察に与えられた国家作用の一つであり、警察はこれを遂行すべき責務がありますから、捜査の必要上写真撮影することは許されると解されます。

このように、当然個人は制約を受ける場合があり、それを受忍することも国民の義務ではないでしょうか。

学生　犯罪捜査のための写真撮影は許されることは分かりましたが、どんな場合でもその目的のためなら許されるのですか。

教官　判例も、

①　現行犯的な状況

②　証拠保全の必要性と緊急性

③　手段の相当性

の三要件を満たす場合には捜査目的のために許されるとしています。

この三要件が備わったときには、個人の同意がなくても、また裁判官の令状がなくても写真撮影が許されるというのが最高裁の立場です。

学生　警察官が犯罪立証の措置として写真撮影した際、捜査対象者周辺の個人も同時に被写体となりますが、この個人の肖像権はどうなりますか。

教官　当然、警察官による写真撮影は許される行為であり、その対象の中に事件とは関係ない第三者の容貌が同時に被写体となり得ることもあろうかと思います。

これは捜査対象者の近くにいたため、これを除くことはできない状況にある場面であり、一般的に許容される限度内として憲法第一三条、第三五条には違反しません。

学生　教官、よく写真週刊誌で有名人や俳優の密会現場等としてツーショットされ記事になっていますが、当然彼等にも個人のプライバシー、すなわち写真撮影されない権利、いわゆる肖像権もあるわけですから、肖像権の侵害にはならないのですか。いかがですか。

教官　このツーショットの問題は憲法第二一条の表現の自由、報道の自由との問題も含まれているもので、基本的には公共の福祉と個人のプライバシーの保護を秤にかけて判断することになろうかと思います。

肖像権に関していえば、たとえ芸能人でも人格権を有していますし、プライバシーを侵害するツーショットは許されません。

しかし、第一三条違反かどうかとなると、第一三条には違反しません。なぜなら、この第一三条は、国民の私生活の自由が警察権等の国家権力の行使に対して保護されるべきことを規定したものであるからです。

学生　ですから、本事例は憲法違反として争われているのですね。

教官　そうです。本事例は、判例の中で先ほど説明した三つの要件を満たす捜査目的のための写真撮影であるとして合憲であると判断しております。

学生　よく分かりました。この第一三条のいわゆる幸福追求権は時代とともに変化する権利と思われますが、どのようなものがありますか。

教官　この幸福追求権とは、「個人の人格生存に不可欠な利益を内容とする権利の総体」とするのが通説であり、これまで、「新しい権利」として主張されたものとしては、プライバシーの権利、環境権、日照権、静穏権、嫌煙権、アクセス権等があります。しかし、プライバシーの権利以外は、最高裁は承認に慎重な姿勢を示しています。

●参考判例●

・京都府学連事件（最大判昭44・12・24）
・自動速度監視装置事件（最判昭61・2・14）
・「宴のあと」事件（東京地判昭39・9・6）

〈本事例の検討〉

本事例と同種の事案について、最高裁昭和六一年二月一四日の判決で、次のような判断が示されている。

「速度違反車両の自動撮影を行う本件自動速度監視装置による運転者の容ぼうの写真撮影は、現に犯罪が行われている場合になされ、犯罪の性質、態様からいつて緊急に証拠保全をする必要性があり、その方法も一般的に許容される限度を超えない相当なものであるから、憲法一三条に違反せず、また、右写真撮影の際、運転者の近くにいるため除外できない状況にある同乗者の容ぼうを撮影することになつても、憲法一三条、二一条に違反しない」

3　思想及び良心の自由

60年代某大学
ワー
ワー
ワー
ワー
小林義雄
当時23歳学生
ワー
ワー
ガンガッ
ガッ
ワー
ワー
ワー
ワー
翌年――
小林おまえ内定決まったって？

まあな
AB商事だ
AB商事？
あの会社はたしか思想や信条を重視するところだ。
面接で聞かれただろう？ 学生運動のこと。
ああ
「私はあの学生運動に対してなんの興味も持てませんでした」
もちろんこう答えたよ。
後日小林宅
ジリリリリリリ
ええ？
内定取消し?!
君が運動に参加していたことがわかったんだ。
残念だが君は不採用だよ
プッ！
そんな政治運動に参加してたとわかったとたんに不採用だと？
もしもし
もしもし
くそっ
後に小林は、AB商事の内定取消しは、第一九条の思想及び良心の自由を侵し、第一四条の信条による差別であるとして提訴した。

第一四条〔法の下の平等〕～関係部分のみ～
① すべて国民は、法の下に平等であつて、人種、信条、性別、社会的身分又は門地により、政治的、経済的又は社会的関係において、差別されない。

第一九条〔思想及び良心の自由〕
思想及び良心の自由は、これを侵してはならない。

学生　本事例はまさに基本的人権の侵害の最たるものですね。思想及び良心の自由まで奪われたのではたまりませんよ。

教官　そうですね。論理的とか、倫理的に考え判断することの自由ですからね。

学生　思想と良心とを区別していますが、いずれも内心の問題ですので、ことさら区分けする必要はないように思いますが、どうですか。

教官　そうです。いずれも密接不可分の関係にあり、厳密に区分けは要しないと思います。

学生　この事例ですと、嘘を言ったことは採用側に良い印象を与えませんから、それが理由で不採用になったなら仕方ありませんが、過去に学生運動を行っていたことを理由に採用を取り消す行為は差別であり違憲と思います。

論点（ポイント）

○　私人間の関係に適用されるか
○　内心の自由とは

教官　この事例は、憲法の基本的人権の保障の規定が、私人間の関係にも適用されるかという点で争われています。そもそも憲法の基本としているところは、国家権力を制限、セーブすることによって国民の基本的人権を保障することにあるのです。ですから、基本的には国家を拘束するものであって、私人相互の関係を直接規律する根拠ではないのが原則です。

学生　そうしますと、憲法の基本的人権は私人間に入る余地はありませんか。

教官　すべてというわけではありません。中には直接私人間の関係に適用されるものもあります。憲法第二七条のように「児童は、これを酷使してはならない。」との規定も存在します。

学生　そうしますと、本事例の場合は私的関係の問題であり違憲ではない、ということですか。

教官　少なくとも、憲法第一四条や第一九条の規定は、個人と個人との関係を直接規律するものではありません。ですから、私人相互の関係は各人が自由と平等の権利の立場で対立し調整する、いわゆる「私的自治」に委ねられるものです。法が介入するのは、侵害の程度が社会的経済的に許容の範囲を超えた場合のみです。よって、これを事例に当てはめてみますと、面接の結果、採用を見合わせた企業は、経済活動の一環としていかなる条件で従業員を雇用するかについては、法律に特別の規定がない限り契約の自由や決定権があって、企業側に思想や信条を有する者の採用を拒むことは何ら違憲ではありません。

学生　本条の趣旨は理解できました。憲法上の平等の原則を具体化したものとして、貴族制度の否認（一四条二項）、栄典の授与は特権を伴わないこと（一四条三項）、家族生活における両性の平等（二四条）、教育の機会均等（二六条二項）が規定されているのですね。

教官　そうです。またこのような内心の自由も集会、結社、言論、出版、その他の表現によって外部に表明されれば、他の人の人権、自由等との関係から公共の福祉による制限を受けます。

学生　国の施策、計画などでよく国民の理解を得るといいますが、あれは国による思想又は良心の強要、欺瞞行為ではないですか。

教官　（無言）…。

●参考判例●

・三菱樹脂事件（最大判昭48・12・12）
・昭和女子大事件（最判昭49・7・19）

〈本事例の検討〉

本事例と同種の事案について、最高裁昭和四八年一二月一二日の判決で、次のような判断が示されている。

憲法第一九条・第一四条については、「その他の自由権的基本権の保障規定と同じく、国または公共団体の統治行動に対して個人の基本的な自由と平等を保障する目的に出たもので、もっぱら国または公共団体と個人との関係を規律するものであり、私人相互の関係を直接規律することを予定するものではない」。

憲法は、思想・信条の自由、法の下の平等と同時に、「二二条、二九条等において、財産権の行使、営業その他広く経済活動の自由をも基本的人権として保障している」。「企業者が特定の思想、信条を有する者をそのゆえをもって雇い入れることを拒んでも」当然に違法ではない。したがって、企業者が「労働者の採否決定にあたり、労働者の思想、信条を調査し、そのためその者からこれに関連する事項についての申告を求めることも」違法ではない。

4　信教の自由・政教分離の原則

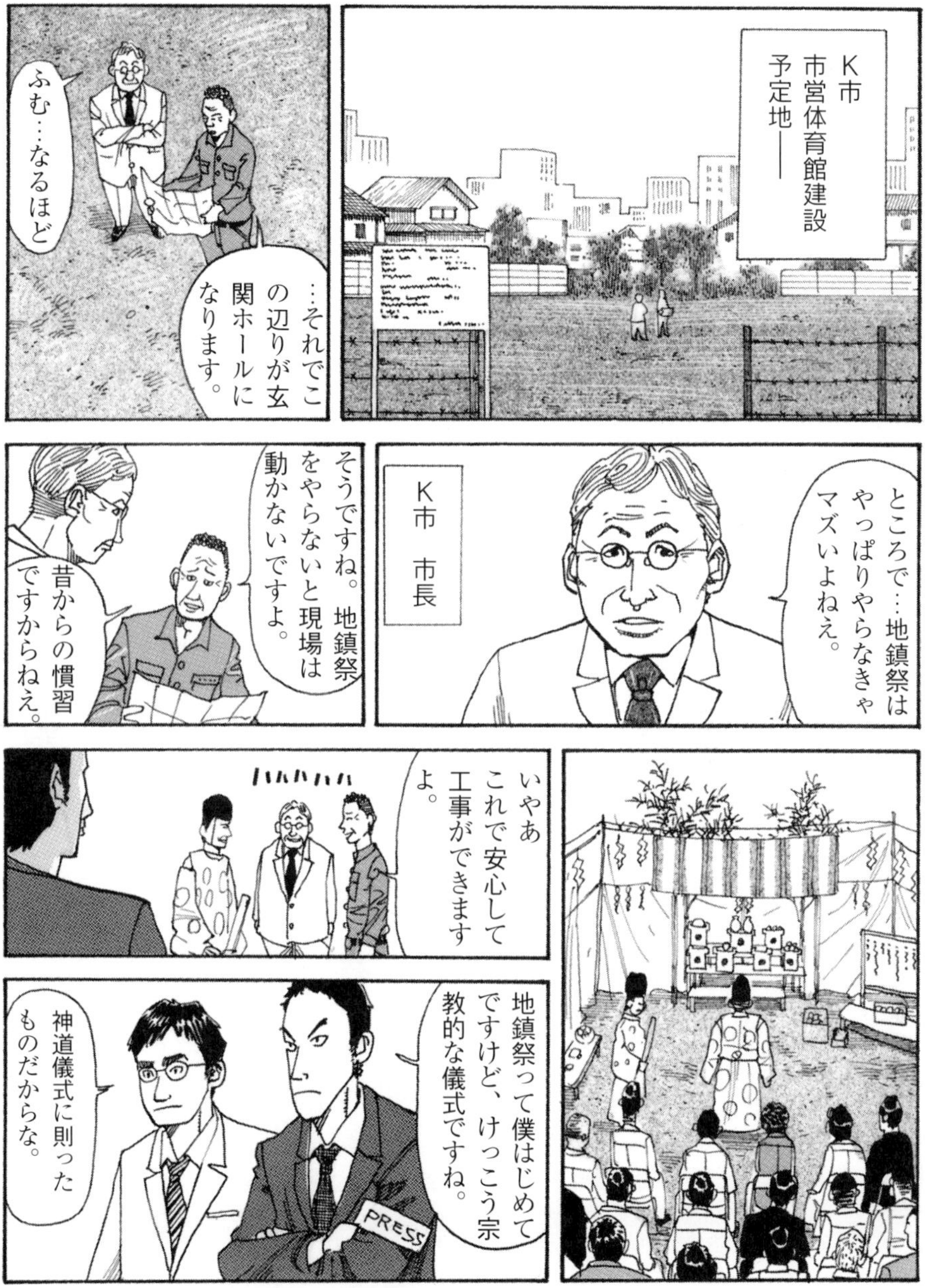
K市
市営体育館建設予定地——
…それでこの辺りが玄関ホールになります。
ふむ…なるほど
ところで…地鎮祭はやっぱりやらなきゃマズいよねえ。
K市　市長
そうですね。地鎮祭をやらないと現場は動かないですよ。
昔からの慣習ですからねえ。
いやあこれで安心して工事ができますよ。
ハハハハハ
地鎮祭って僕はじめてですけど、けっこう宗教的な儀式ですね。
神道儀式に則ったものだからな。
PRESS

ところで、宮司への謝礼ってどこからでてるんですか？

……

公費だよ。

このような宗教的儀式に公金がおりるなんておかしくないですか？

でも、たかが3万円だよ。

たしかに地鎮祭の公費支出はこの間の市議会で可決されたんだけど…

中には君のように「これは信教の自由に反する公費支出だ」と、言っている人もいたよ。

公金で宗教活動…か
やっぱりおかしいですよ！

でも、地鎮祭って工事の無事を祈って行うものだから、そんなに目くじら立てることではないよ。

後に行政及び民事訴訟において、地鎮祭が憲法第二〇条第三項が禁止している宗教的活動に当たり、また、宮司への公費支出が憲法第八九条が禁止している公金の支出に当たるとして争われた。

第二〇条［信教の自由］～関係部分のみ～

①　信教の自由は、何人に対してもこれを保障する。いかなる宗教団体も、国から特権を受け、又は政治上の権力を行使してはならない。

第八九条［公の財産の用途制限］

公金その他の公の財産は、宗教上の組織若しくは団体の使用、便益若しくは維持のため、又は公の支配に属しない慈善、教育若しくは博愛の事業に対し、これを支出し、又はその利用に供してはならない。

教官　君は政教分離の原則という言葉を聞いたことがありますか。

学生　あります。新聞やテレビで総理大臣や閣僚が靖国神社の公式参拝をしたことが問題となって、論議されていますが、国が宗教的活動を行うことは第二〇条等に反するとして裁判問題になったことがあり、覚えています。

教官　そうですね。この政教分離の原則を憲法に盛り込んだのは、戦前は国家権力が強く、国家神道のように特定の宗教団体に特権や利益を与えていたからです。国家が神道との結びつきを強める一方、少数の宗教団体には厳しい迫害を加えた時代でした。そこで、信教の自由を保障するとともに、国又は地方公共団体が行政的に特別の保護や利益を与えることを禁止したのです。信教の自由を完全なものにするためには、国家と宗教が完全に分離されなければならなかったからです（教育基本法一五条参照）。

論点（ポイント）

- ○　**信教の自由とは**
- ○　**宗教的行為と政教分離との関係**

学生　その「信教の自由」とはどのようなものですか。

教官　まず憲法第一九条と同様に、

・特定の宗教を信ずる自由

・その信教を外部にアピールしたり、逆に沈黙する自由

・礼拝とか、祈禱その他儀式を行う自由

・これに参加したり、参加を強制されない自由

・宗教団体を結成したり、支持する自由

が含まれています。

学生　当然に他の基本的人権と同様に外部に表現されて、他人の自由を侵害したり公共の福祉に反する行為であれば、その場合には制限を受けますね。

教官　もちろん。信仰の自由というのは内心の自由ですから、絶対的な自由ですが、宗教上の自由は外部に表現されるものであれば、無制限とはいえません。

　国際人権規約の中に『宗教又は信念を表明する自由については、法律で定める制限であつて公共の安全、公の秩序、公衆の健康若しくは道徳又は他の者の基本的な権利及び自由を保護するために必要なもののみを課することができる。』としています。

学生　内心の自由である第一九条と第二〇条第一項前段の信教の自由とは区別がよく分かりません。

教官　第一九条は、一切の表現の自由の前提となる内心つまり心の内の働きの自由を保障したものですね。歴史上のある時期に個人の思想に対する権力的な弾圧と干渉があったことへの反省に基づき導入されたものです。

　一方、第二〇条第一項前段は、内心における信仰の自由と宗教活動の自由を保障したものです。信仰とは、神とか霊を信じ畏敬崇拝することであり、信仰の自由というと、そのような信仰を持つ自由、どのような神なり霊を信仰するかについての自由をいいます。ですから、何も信仰する神もない、いわゆる無宗教、無信仰の自由も当然含まれます。

　いずれにしても、第一九条、第二〇条第一項前段は、内面的、精神的な働きに関するものであり、絶対的な保障を受けます。

学生　信教の自由の中には、礼拝とか、信仰を同じくする者が団体（組織）を結成することとか、さまざまな宣伝活動を行うことが含まれると思いますが、外部に活動という形で現れれば制約を受けることになりますね。

教官　そうです。思想及び良心の自由が内心の状態にとどまり外部的行為として表現されない限りは制約を受けることはありませんが、信教の自由はその限界が同一とは考えられませんので、その表現方法の段階では一定の制約を受けることになりますね。

　判例にも、宗教活動として行われた線香護摩による加持祈禱が「他人の生命、身体等に危害を及ぼす違法な有形力の行使に当たる。」として信教の自由の保障の限界を逸脱したものとした例もあります。

学生　以前新聞記事で、子供が交通事故に遭って重傷を負い、手術のための輸血が不可欠となった時、その両親が信仰を理由に輸血を拒否したことを知りましたが、このような自由は制限されないのでしょうか。

教官　両親の信仰の自由を理由として子供の生命保持の方法を妨げることは許されません。当然制約は受けます。

学生　この信仰の自由と医療措置についての判例はありま

すか。

教官　エホバの証人輸血拒否事件があります（東京高判平10・2・9など）。

学生　宗教団体や宗教法人による詐欺的除霊、祈禱などの事件にみられるように宗教団体による組織的犯罪が社会問題となっており、宗教法人法の改正が行われました。ところで、被疑者からは正当な宗教活動行為であり、司法による宗教弾圧であるなどと争われることがありますが、彼らの言い分は正当ですか。

教官　私が知っている事件にこのような事件があります。結論からいいますと、犯罪が立証されて第二〇条の宗教行為ではないと断罪されました。

それは、仏教僧侶が精神障害のある少女の近親者から依頼されて、同女を治療するため、いわゆる線香を燃やして加持を行い、熱さのため身をもがく少女の手足を近親者に縛らせ身体を押さえ、「ど狸出ろ」と叫んで背中を殴打するなどの行為によって、同女を死に至らしめた事件です。その僧侶は当然に宗教行為であり、正当業務を主張しました。司法は信教の自由の限界を逸脱したものであり、刑法第二〇五条（傷害致死）に該当するとして処罰したものですが、その僧侶は第二〇条違反として争ったのです。

またこのような事件もありました。それは、宗教法人が新聞折込み等で「健康上、家庭の悩みに応えます。」等の布教活動を行い、悩んで訪れた主婦らに「私には霊能力がある。あなたには先祖の霊が見える。」とか、「先祖に水子がいる。その水子があなたの健康を害している。」等と申し向けて、その除霊費用として五〇万円を要求し、お布施名下に多数人から数千万円を騙し取った事件です。

これについても、「自分は霊能師である。宗教活動である。」等として争ったのです。

いずれの事件も不当な宗教弾圧として争ったものですが、先ほどからの説明にもあるように内心の自由にとどまる限りこれを制限することはできません。しかし、前者の事件のように、精神障害者の平癒を祈願するための宗教行為でなされた場合でも、それが他人の生命、身体等に害を及ぼすことは、もはや信教の自由の保障の限界を逸脱したものであります。いかに僧侶が誠意をもって宗教的行為として治療に当たったとしても、これを正当化することはできず、刑法によって処罰されることは当然です。

また、後者の事件でも、いわゆる霊という姿の見えない「憑きもの」に対する祈禱という行為が、つまり一種の迷信が宗教行為の名の下に行われたにすぎません。判例も、本来の宗教とは無関係な利益目的とした欺罔であり、被害者の心情を利用した悪質な詐欺行為であると断罪しています。正当な宗教活動であるか否かは、その行為（活動）が刑罰法規に触れる行為であれば、その時点で保障の限界を逸脱した行為でしょうね。

学生　そもそも宗教とは何ですか。私のような無宗教者には理解できません。神様や仏様を拝み、信仰することですね。苦しいときの神頼みも信仰の一つですか。

教官　学問的には種々の定義があると思いますし、宗教学となると哲学的な思想でしょうが、憲法でいう宗教については名古屋高裁の昭和四六年五月一四日に出された判決の中に見ることができます。

そこでは、「超自然的、超人間的本質、すなわち絶対者、造物主、至高の存在等なかんずく、神、仏霊等の存在を確信し、畏敬崇拝する心情と行為をいい、個人的宗教たると集団的宗教たると、はたまた発生的に自然宗教たると創唱的たるとを問わず、すべてこれを包含するものと解するを相当とする。」と定義付けていますが、神や仏の存在を確信して崇拝する心と行動ということですね。

学生　信ずる者は救われる、ということでしょうか。

教官、本題に戻りますが、教官が言われるように過去の歴史的事実から政教分離の原則が確立したことは分かりましたが、本事例のように地鎮祭は一般的に行われていることですよね。本事例では、宮司への三万円の支払いが憲法第八九条違反であると主張されていますが、本当にそうでしょうか。私は何も建築に先立ちその工事の無事故を祈って行われる神道儀式というのですか、その地鎮祭を行ったことを目尻をつり上げて争うほどのことではないと思いますがどうでしょうか。

教官　確かに政教分離の原則は、国家が宗教に対して中立的立場であることを求めていますが、すべてに関して関与してはいけないとするものではないと思います。

第二〇条でいう政教分離の原則からは、国や地方公共団体の機関のかかわりが、社会的、文化的立場から見て、諸条件に照らし相当とされる限度内であれば許されるものです。ですから、その限度を超えた当該行為の目的が宗教的意味を持ち、その結果として特定の宗教に対する援助、助長、促進、干渉等と認められるような行為は、許されないと解されます。

学生　ということは、第二〇条に反する宗教的行為に当たるか否かの判断は、一概には結論がでないということですね。

教官　そうですね。その判断は、当該行為が行われた場所とか、一般人のその行為に対する宗教的な価値感、評価、効果、影響等諸事情を総合的に考慮した上で、社会的通念に従って客観的に判断することが大切ですね。

学生　私は本事例の場合であれば、確かに神式で行う地鎮祭は宗教色はありますが、教官の言われる特定の宗教に対する援助なり、助長の意図で行われているものではないし、一般人としても自宅を建築するときに建築業者によって地鎮祭が行われていることが慣習化されていますし、違法性はないと思います。

教官　そうですね。地鎮祭の目的は、建築着工に際して土地の平安堅固や工事の無事安全祈願であり、社会慣習の儀式として世俗的に認められた行為であることからしても、第二〇条のいう宗教活動には当たらないと思います。むしろ、我が国特有の国民感情や習俗を無視した判決は、信教の自由を脅かしかねないことになります。

学生　教官、この事例は憲法第八九条違反としても争われていますね。地鎮祭の経費として公金三万円を支出したことがこれに当たるとしていますが、私は地鎮祭そのものは市役所の宗教的行為ではなく、憲法違反とはならないと思いますから、憲法第八九条違反にはならないと思います。

教官　この第八九条は、第二〇条の政教分離を財政面から裏付けしているものであり、特定の宗教法人に対する援助が全く不可能とは言えません。君の言うように、市役所の地鎮祭は違憲ではないと判断されれば、憲法第八九条も問擬されません。

学生　教官、最初に言いましたが総理大臣らの靖国神社公式参拝を行うことは、やはり憲法上疑義がありますか。

教官　政府は戦没者に対する追悼を目的として靖国神社の本殿、又は社頭において参拝することは違憲ではないと判断しています。一方違憲と判断している判例もあります。

それは、岩手県靖国神社訴訟控訴審判決で、「その目的は、宗教的意義をもち、行為の態様からみて国、又はその機関として特定の宗教への関心を呼び起こす行為というべきであり、しかも公的資格においてなされる右公式参拝がもたらす直接的、顕在的な影響、及び将来予想される間接的、潜在的な動向を総合考慮すれば、国と宗教法人靖国神社との宗教的な関わり合いは憲法の政教分離の原則に照らして相当とされる限度を越えるものと断定せざるを得ない。」（仙台高判平３・１・10）と判断しています。

私としては、戦没者の慰霊が目的の参拝ですし、布教の目的ではなく、神道信仰とも無関係と思います。それに、一般的な国民感情からも抵抗なく受け入れられるものと解されますので、宗教的活動には当たらず合憲であると判断します。

学生　私は教官とは違う意味で憲法には反しないと思います。それは、真に戦没者を慰霊する気持ちであれば公式ではなく、私人として参拝すればいいことであり、公式として参拝する意味がよく分かりません。

●参考判例●

・加持祈禱治療事件（最大判昭38・5・15）
・津地鎮祭事件（最大判昭52・7・13）

〈本事例の検討〉

本事例と同種の事案について、最高裁昭和五二年七月一三日の判決で、次のような判断が示されている。

本件地鎮祭は、「宗教とかかわり合いをもつものであることを否定しえないが、その目的は建築着工に際し土地の平安堅固、工事の無事安全を願い、社会の一般的慣習に従った儀礼を行うという専ら世俗的なものと認められ、その効果は神道を援助、助長、促進し又は他の宗教に圧迫、干渉を加えるものとは認められないのであるから、憲法二〇条三項により禁止される宗教的活動にはあたらないと解するのが、相当である」

5　表現の自由・検閲の禁止

会社役員の清水は——
わいせつ写真やDVDの収集愛好家でこれまでに何度か海外旅行の際土産として購入している。
アダルト
AV SHOP
ビデオ 本 オモチャ
やあ清水さんいらっしゃい。
VIDEO コーナー
めぼしいのがないな。
いやー清水さんにはどれももの足りないよ。
それより清水さん今度またフランスに行くんだって。
すごい雑誌あったらまたみせてくださいよ。
フランス
ウーム…
こりゃスゴイな日本じゃ絶対発禁になるぞ。
これをあの店に持ち込んだら高く買ってくれるかもしれないな…
よし、大量に買いこもう。

清水さんですか？

私は税関の者ですが
あなたがフランスから送った2箱分の荷物を調べさせてもらいました。

な…

関税法違反で取り調べます。

来てください。

か…勝手にあけるなんて
清水は、税関による検査が憲法第二一条第二項で禁じている「検閲」に当たるとして、提訴した。

第二一条［集会・結社・表現の自由、通信の秘密］

① 集会、結社及び言論、出版その他一切の表現の自由は、これを保障する。

② 検閲は、これをしてはならない。通信の秘密は、これを侵してはならない。

学生　教官、この事例とは関係ありませんが、第二一条の「集会」と「結社」について教えてください。

教官　集会とは、多数人が共同の目的をもって一定の場所に集まることですね。一方結社というと、多数人が同一の目的のために継続的に結合することでしょうね。いずれも外部に対して表明する目的表現の一形態です。

学生　この集会・結社を規制する法には道路交通法や破壊活動防止法があり、平成一一年立法化された「無差別大量殺人行為を行った団体の規制に関する法律」、いわゆるオウム新法があるわけですね。

教官　表現の自由の手段として言論、出版、放送等平穏な方法を取るべきであり、一般市民を巻き添えにするような公共の場所での集団行動には当然規制を受ける法規は必要です。

論点（ポイント）

- ○　表現の自由と個人のプライバシーとの関係
- ○　表現の自由の限界
- ○　通信の秘密と公共の福祉との関係

教官　この事例に関しては、平成元年九月一九日の最高裁判例が参考になると思います。この判例では、青少年と成人の知る自由を明確に区別しております。つまり、成人に対する関係では有害図書の流通がやや制約されるがやむを得ないとするのが判例の立場です。また、判例は「社会共通の認識」といった判断で有害図書の規制を容認しています。

学生　そういえば、知る権利は憲法上規定がありませんが、なぜですか。

教官　確かに明文化されていません。しかし、憲法第二一条の表現の自由は知る権利と密接な関係を有しており、この第二一条で知る権利が保障されているというのが判例の立場です（最大決昭44・11・26）。

第二一条は、情報を伝達する自由、つまり表現の自由を定め、知る権利はこれを支えるための情報の受け手の権利としての「情報を受けとる自由」、つまり知る権利としてこの条項で保障されているのです。

学生　表現の自由と個人のプライバシーの保護とは相反する権利ですが、どのように理解すればいいのですか。

教官　表現行為は外に向けられた一切のものですから、無制限に保障されるものではありません。取材する方法が他人の人権を侵害することは表現の自由の範囲を超えた違法な行為となり、第二一条の保障はありません。

学生　そうしますと、表現の自由といっても狭義ですが、どのようなものが含まれますか。

教官　テレビ、ラジオ、新聞等によるもののほか、事実を報道する「報道の自由」も含まれます。また、報道に必要不可欠となる「取材の自由」も第二一条の精神に照らして十分尊重に値するとされています。しかし、先ほど説明したように、個人のプライバシーの保護とは相反する権利ですので、無制限に保障されるものではありません。

学生　以前、ニュースで取材した録音テープを捜査活動に利用するか否かで問題となっておりましたが、報道機関からすれば、表現の自由と取材源の秘匿となると思いますがいかがでしょうか。

教官　取材の自由が警察活動との関係で問題となるのは、取材源秘匿権との関係かと思われます。この取材テープを捜査目的で警察が押収できるかについて最高裁は「取材の自由も公平な裁判の実現のためには制約を受け、取材活動によって得たテープ（証拠品）を提出することは取材の自由が妨げられるおそれがあるという不利益を受忍しなければならない場合がある。」旨判示しています。

学生　分かりました。教官、話は変わりますが現代のように性が氾濫し、コミック誌まで過激な性描写やヘアヌード写真等が一般書店で販売されている実情からして、このわいせつ表現と表現の自由との関係についてもよく問題になっていますが、どこまで制約され、又はどこからの表現が許されるのですか。

教官　確かに性に関する表現方法も過激になってきたと思います。

君はこの「わいせつの概念」をどのように理解していますか。

学生　「わいせつ」とは、「いたずらに性欲を興奮、又は刺激させたり、善良な性的道徳心に反するもの」と思います。

教官　そうですね。まず考えてもらいたいのは刑法第一七五条にわいせつ表現の規制としてわいせつ物頒布等が規定されております。この条文そのものが憲法第二一条違反だとして争った裁判があります。結論から言いますと合憲と判断されました。

最高裁は判示の中で「表現の自由も公共の福祉によって制約を受け、性的秩序を守り最小限度の性道徳を維持することが公共の福祉の内容をなすことは疑問の余地はない。」としています。ですから確かに表現の自由は憲法の保障する自由の中でも最も基本的なものとして、保護され、位置付けられていますが、自由は無制限ではなく、当然公共の福祉のため、また性道徳を維持するため一定の制限を受けます。しかし、現在の性の氾濫にも見られるような性描写、ヘアヌード写真は、現代の風潮からは制約は受けるまでに至っていないものと見るべきでしょう。

学生　「わいせつの概念」は難しいですね。刑法が制定された当時では社会的風潮や性に関する考え方も今とは随分違っていたでしょうね。

教官　そうですね。性道徳若しくは性的秩序の維持と表現の自由との比較で判断されることになると思いますよ。

学生　芸術的に価値が高く、美術品としても評価されている絵画なり、描写がある場合でも、やはり「わいせつ物」としての表現の自由の制約を受けますか。

教官　たとえ芸術的に優れた作品であっても、刑法の「わいせつの概念」に当たる文書なり、絵画であれば、わいせつ文書として取り扱われることになります。

個々の文書が「わいせつ」に当たるか否かの判断は、社会的通念に従って裁判官が行うものです。

学生　よく県の青少年保護育成条例とかいう条例で有害図書の指定を受けたことを聞きますが、これは第二一条違反とはならないのですか。

教官　有害図書の規制においては、青少年の健全育成を害するおそれがあり、著しく青少年の性的感情を刺激したり、あるいは青少年の粗暴性を助長する図書類について知事が有害図書に指定します。地方公共団体は条例の制定権を有していますから、憲法の規定する範囲内で制定されていれば違法ではありません。常に裁判例や刑法の「わいせつの概念」等を念頭に入れ、有害図書の指定や条例の改正を行っています。

学生　そこで、本事例の場合を考えますと、会社役員の清水は外国でポルノ雑誌やＤＶＤを買い求めてアダルトショップに売る目的で輸入しようとしたわけですが、税関でバレてしまったのですね。この手の輸入や個人的に土産物に持ち帰ってくることはよくありますよ。

教官　そうですね。フランスやイタリアは、日本のような性表現に対する規制はなくオープンですので、日本では決して見られないような刺激的な表現物は多いのでしょう。それを土産物として持ち帰ってくる者は後を断たないようですね。

学生　でも持ち帰ることは違法ですよね。

教官　そうです。

　これを規定しているのが、関税法です。同法第六九条の一一第一項第七号に「公安又は風俗を害すべき書籍、図画、彫刻物その他の物品」を輸入禁制品としています。これは、健全な性風俗を維持するためにはわいせつ表現物の国内流布の未然防止措置として必要かつやむを得ない規制です。

学生　会社役員の清水は、税関が実施した「検閲」は、憲法違反だとして争っています。「わいせつ文書」が表現の自由として野放しではなく、公共の福祉とか、青少年の健全育成の精神から当然に制約を受けることは分かりますが、検閲が憲法違反とはどういうことですか。

教官　この問題の前に税関の行う当該物件につき輸入禁止とする税関長の拒否表明と、憲法の「検閲」が同一概念か否かを検討する必要があります。君はどう思いますか。

学生　私は同一と思います。

教官　ということは、「検閲禁止」に違反している、ということですね。

　検閲とは、国等行政機関が主体となって国民の表現物を対象に、外部への発表に先立って表現の内容を審査して必要があれば公表を禁止、制限することです。

　これは、いわゆる言論統制であり、国民主権の下では絶対許されないものであり、当然表現の自由の保障から導かれるものですが、その重要性から特に別項を設けたのです。

　しかし、このような判決があります。それは、仮処分による表現物の事前差止め事件です。最高裁はこの中で「事前差止めは原則として許されない。事前差止めは検閲に当たらない。」と示した上で、表現内容が真実でなく、もっぱら公益を図る目的でないことが明白であって、かつ被害者が重大にして著しく回復困難な損害を被るおそれがあるときは例外的に差止めが許される旨示しております。

　最高裁は、検閲の絶対的禁止を示しながら、税関検査は関税の確定とか、徴収を本来の業務としており、各種表現物の思想内容等を対象として審査し規制しているものではないとしています。

　結論から言いますと税関が審査することは検閲には当たらない、ということです。

学生　それでこの事例のように外国から持ち込んだ風俗雑誌が税関の検査を受けるのですか。

教官　これは、今話したように憲法に基づく検閲ではなく、この第二一条を受けた関税法第六九条の一一を根拠とするものです。判例によれば、検閲に当たらず、また風俗を害すべき書籍、図書等の輸入規制も違憲ではないということです。

学生　この事例の場合は憲法違反にならないということが理解できました。

次の第二一条第二項の通信の秘密についても、絶対無制限に不可侵な権利ではなく、公共の福祉の立場から制約を受けるわけですね。

教官　そうです。例えば犯罪捜査の場合は、裁判官からの捜索差押令状の発付を得た上で、郵便物、信書便物や電信書類を差し押さえることができます。

学生　この第二一条を受けた規定が刑事訴訟法第一〇〇条第一項、第二項ですね。

教官　さすが専門家ですね。この刑事訴訟法第一〇〇条第一項は、「裁判所は、被告人から発し、又は被告人に対して発した郵便物、信書便物又は電信に関する書類で法令の規定に基づき通信事務を取り扱う者が保管し、又は所持するものを差し押え、又は提出させることができる。」と規定されています。さらに、この規定は捜査機関の捜査の場合に刑事訴訟法第二二二条で準用されています。

学生　そうしますと、刑事訴訟法第一八九条第二項の規定によって郵便局の取扱い中の郵便物について差出人や通信内容を照会した場合はこれに応じる義務がありますね。

教官　それはできません。取扱いの郵便物を提出させたり、差し押さえることは先ほど話したように裁判官の令状が必要です。仮に郵便業務従事者がこの照会に応じることができる場合は、通信当事者の承諾がある場合のみであり、これに違反すると郵便法第八〇条によって処罰されます。

学生　犯罪捜査の場合で認められる規定はこれ以外にありますか。

教官　「犯罪捜査のための通信傍受に関する法律」が平成一一年に制定されています。また、刑事訴訟法第八一条は接見交通の制限として書類等の検閲や授受の禁止を規定し、刑事収容施設及び被収容者等の処遇に関する法律第一二六条以下は信書の検閲等の制限を定めている。ほかにも、破産法第八一条及び第八二条では、破産者にあてた郵便物又は信書便物は破産管財人にこれを配達し、管財人はこれを開披することができる旨を規定しています。

学生　そもそもこの「通信の秘密は、侵してはならない。」とは何人も侵してはならないことを意味するのですか。

教官　憲法の定める国民の権利は、これを保障するとか、「……されない。」「……これを侵してはならない。」等と国又は地方公共団体と国民との間の関係について規定し、公権力によって国民の権利を侵害してはならないことを意味しております。その反面、国家に対してその権利が十分実現できるように必要な措置を講ずるべきであるという意味も含まれる規定もあります。

また、国民の私生活やプライバシーの保護が、いわゆる人格権として、この第二一条の表現の自由の規定の中で明文化されているのは、表現の自由を補完する意味があるからです。

学生　そうしますと、この第二一条についても公権力によって通信の内容等の秘密が侵されないことの根拠になるのですね。

教官　そうです。郵便物、電信電話業務の従事者は、職務上知り得た秘密を漏らすことはできません。この趣旨を受けた郵便法第八条にその旨規定されています。

学生　秘密の内容ですが、どの程度のものなのですか。

教官　通信の秘密は、発信前から受信後に至るまですべての段階で保障され、その範囲は通信内容のみでなく発信者、受信者の氏名、住所等も含まれます。しかし、例外があることは先ほど説明しました。

学生　犯罪捜査、特に誘拐事件等での電話の録音や逆探知をすることはその例外として許されるのですね。

教官　これについては、これまで判例も適法であるとされています。

たとえ相手の同意が得られなくても違法とはいえません。また逆探知についても、誘拐事件の被害者の依頼で通信内容を傍受することは、通話の一方の当事者としての同意があるという理由から特に発信場所の捜索については犯罪の現行性がある場合であり、相手方の通信の秘密がある程度侵害されてもやむを得ない理由に当たるものとして適法と考えられています。

学生　盗聴する行為はどうですか。当然犯罪捜査としての行為ですが。

教官　これについてこれまでの判例は、犯罪の重大性、嫌疑の明白性、証拠方法としての重要性、必要性、困難性、代替性等の状況に照らして真にやむを得ないと認められる場合は憲法第三一条および第三五条に従った手続を経ている限り許されるとしております（東京高判平4・10・15）。

また平成一一年の国会でいわゆる「組織犯罪対策三法」が制定されております。これは、特定の犯罪の捜査手段として、一定の制限、制約の下での通信の傍受等が許されることを容認した法律です。

学生　教官、もう二つばかりお聞きしてよろしいでしょうか。

今やパソコンだとか、インターネットとか、電子メールの情報時代ですよね。これらの情報も「表現の自由」によって保障されますね。

教官　もちろん。条文にも書いてあります。「言論、出版その他一切の表現の自由」となっていますね。これからは、君の言うように情報化社会で一夜にして情報が世界中に場所と時間を超えて飛び回る時代です。

個人のプライバシー侵害、個人情報の機密性の問題、コンピュータを使ったハイテク犯罪も起きていますので表現の自由の解釈や刑法の改正等が今後検討されることと思います。

学生　分かりました。新しい犯罪の検挙にチャレンジしていきます。

もう一点ですが、以前の新聞記事で、地下鉄サリン事件のオウム真理教（現アーレフ）が破壊活動防止法の適用を受けるか否かで問題となったことがありますが、第二一条との関係は問題ありませんか。それにオウム真理教を対象としたいわゆるオウム新法が平成一一年に制定されましたが、憲法上問題はないのでしょうか。

教官　いわゆる破防法自体は違憲ではありません。しかし、法律によって団体を強制的に解散させることには慎重な判断が必要であることには変わりません。またオウム新法の適用についても、同様です。

●参考判例●

・チャタレイ事件（最大判昭32・3・13）
・税関検査事件（最大判昭59・12・12）
・博多駅事件（最大決昭44・11・26）
・福岡県青少年保護育成条例事件（最大判昭60・10・23）
・新聞記者取材源秘匿事件（最大判昭27・8・6）

〈本事例の検討〉

本事例と同種の事案について、最高裁昭和五九年一二月一二日の判決で、次のような判断が示されている。

検閲とは、「行政権が主体となって、思想内容等の表現物を対象とし、その全部又は一部の発表の禁止を目的として、対象とされる一定の表現物につき網羅的一般的に、発表前にその内容を審査した上、不適当と認めるものの発表を禁止することを、その特質として備えるものを指すと解すべきである」

関税法第六七条及び第六九条の一一第一項第七号に基づく税関検査は、「輸入が禁止される表現物は、一般に、国外においては既に発表済みのもの」であり、「当該表現物につき、事前に発表そのものを一切禁止するというものではない」から、検閲には当たらない。

6　居住・移転の自由と財産権の保障

こうして付近住民の組事務所撤去運動が始まり、組事務所の立退きを求めて、民事訴訟が提起された。
暴力団追放
安全を返せ
暴力団追放
ヤクザは出ていけー!
署名
出ていけー
この町に住む権利はないぞ!
たいへんなことになりましたね組長。
ウム
弁護士《せんせい》、法的にはオレたちは出ていかなきゃならないのですか?
憲法第二二条に居住の自由というのがあります。
暴力団は、住民の主張する組事務所の立退き請求は、憲法第二二条に違反するものであり無効である旨を訴え、訴訟合戦となった。

第二二条〔居住・移転・職業選択の自由〕～関係部分のみ～
① 何人も、公共の福祉に反しない限り、居住、移転及び職業選択の自由を有する。
第二九条〔財産権〕～関係部分のみ～
① 財産権は、これを侵してはならない。

学生　教官、このような暴力団の抗争事件で巻き込まれるのはいつも市民ですが、当然本事例のように民事訴訟を提訴しても勝訴できますね。
教官　君は憲法第二二条を知ってますね。
学生　はい。第一項は、「何人も、公共の福祉に反しない限り、居住、移転及び職業選択の自由を有する。」とありますので、当然に公共の福祉に反する場合は制限を受ける権利であると思います。
教官　確かにそうですね。
　憲法の基本的人権の保障は、公権力と国民との関係を規定したものであることは既に説明しましたね。
学生　ということは、暴力団と市民との関係は、私人間であるから憲法の保護はない、ということですか。
教官　この第二二条は、公共の福祉に反しない限り保障されているわけですが、その制約には十分な配意が必要です。
　確かに君の言うように直接私人間の関係では、適用されるものではありません。しかし、憲法の保障する人権を不当に侵害する行為に対しては、たとえ私人間であっても当然保護は受けます。
学生　不当に侵害する行為とは、どのようなことですか。
教官　民法第九〇条の「公の秩序又は善良の風俗に反する事項を目的とする法律行為は、無効とする。」と規定されている行為です。
　つまり、公序良俗に反し不法行為に該当することが当たります。それ以外の現行法では、破産法による破産者に対する制限、刑事訴訟法による刑事被告人の居住制限などがあります。
学生　そうしますと、本事例では憲法上問題はないので勝訴できますね。
教官　勝訴できるか否かは別として、抗争事件によって暴力団事務所周辺の住民が、抗争に巻き

論点（ポイント）

○　不当に侵害する行為と経済的自由権
○　私的関係と憲法上の保護

込まれるおそれや事務所に出入りする暴力団員によって生活の安全や平穏が脅かされる場合は、暴力団の居住、移転の自由が制限されてもやむを得ないと思います。

住民の受けている不利益の程度と暴力団の居住、移転の自由を比較衡量した結果行われる判決であれば問題ありません。

学生　教官、平成三年に国会で可決された暴力団員による不当な行為の防止等に関する法律（以下「暴力団対策法」という。）では、対立抗争事件の発生した場合対立する暴力団相互の事務所を使用制限するという行政処分ができる旨規定されましたが、これも第二二条に反することではないのですね。

教官　これも問題ありません。

これは第二二条の問題ではなく、むしろ憲法第二九条第一項の財産権の保障との関係になります。

学生　つまりどういうことですか。

教官　確かにいわゆる暴力団対策法第一五条によって指定暴力団等の相互間の対立抗争事件が発生した場合は、都道府県公安委員会がその事務所を使用制限できる旨規定しています。

これは、対立抗争の未然防止と付近住民の生活の平穏を確保することが目的です。

学生　第二九条をみますと、財産権の内容は公共の福祉に適合するように法律で定めるとなっています。が、これは、財産権が制限できる旨を定めているわけですね。

教官　ですから、組事務所の使用制限は、目的において適合性があり、その方法として公開の聴聞を行い、三か月以内という一定の期間を定めて、一定の用に供することを禁止する命令を発することができるもので、目的達成のための最低限度のものとして制限ができ、憲法第二九条には違反しません。

学生　教官、そういえば、平成一九年七月に企業運営のルールとして暴力団を含めた反社会的勢力との関係遮断を徹底するための「政府指針」が承認され、これまでにない反響で企業の内部管理体制が整備されたり、暴力団排除条項が導入されたりしましたね。反社会的勢力は、厳しい社会生活を強いられることになりますが、生活保障上反論はないのですか。

教官　この「政府指針」は、警察庁、金融庁が中心となり、経済団体とともに十分協議をした上で策定されたものです。その背景には、暴力団対策法等規制立法の影響もあり、直接暴力を行使するのではなく、暴力を背景にしつつ企業取引に介入して詐欺的手段を用いて、不法に利益を得ている実例があるのです。これらから企業の被害防止のため、企業に対しては、取引を含めた一切の関係を遮断することが求められたのです。確かに法律的に規制したり排除する指針ではありませんが、暴力団構成員という地位は、社会的身分とはいえず、暴力団がもたらす様々な社会的危害を考慮すると、社会生活上の制約、不利益を受けることは社会的な理由があり、合理的な差別であって憲法第一四条等に抵触するものではありません。

学生　様々な企業において暴力団排除の機運が高まる一方で、全国都道府県に暴力団排除条例が制定されたことで、一層暴力団組織や資金源活動に対する規制効果がありますね。

教官　そうですね。各都道府県によって多少内容に違いはありますが、制定の目的は、県、事業者、県民等が一体となって地域経済の場や県民生活の場から暴力団を排除し、安全で平穏な社会を確立するためです。暴力団排除の機運は様々な事業所内に浸透し、暴力団を地域、職域など地域社会から根絶しようとする運動が今後も高まるものと思います。

学生　確か暴力団対策法が施行された時に暴力団側の弁護士から、暴力団を指定することは、団結権に反する法律であり指定は無効である旨の訴訟が提訴され社会問題となったことがありますが、この点はどうでしょうか。

教官　君の言うのは憲法第二一条の「結社の自由」のことですか。

それとも憲法第二八条で権利を保障している労働基本権のことですか。

学生　私の言うのは憲法第二一条の「結社の自由」のことです。

教官　君はここで言う「結社」とはどのような団体を指すと思いますか。

学生　それは一つの目的のために組織された団体です。

教官　学問的に言いますと「特定の多数人が任意に特定の目的のために継続的に結合して、組織された意思決定により形成された団体」を言い、オウム真理教（現アーレフ）や暴力団組織も該当します。

第二一条の説明の際にお話ししましたが、条文は「集会、結社及び言論、出版その他一切の表現の自由は、これを保障する。」と明示しております。

当然に結社の自由は表現の自由に含まれる類型であり、他の人権に対して優越的に保障されています。

しかし、これも無制限に認められるものではありません。いわゆる公共の福祉のために制約を受けることは判例、通説の認めているところです。

学生　ところで、警察官の居住場所を制限することは、第二二条違反ではないですね。

教官　警察官も一人の人間として当然基本的人権の享有を受けますし、居住の自由も有します。しかし、警察という公共性からして、昼夜を問わず発生する事案には迅速的確に対応する必要があります。このため居住場所を指定し、又は制限することは、合理的な制限として許されるものであり何ら憲法に違反しません。

●参考判例●

・森林法共有林事件（最大判昭62・4・22）

〈本事例の検討〉

本事例と同種の事案については、

・静岡地浜松支決昭62・10・9
・那覇地決平3・1・23
・秋田地決平3・4・18

がある。そのいずれにおいても、付近の住民が求めた暴力団事務所の使用禁止の仮処分申請が認められており、暴力団側の憲法上の権利が認められた例はない。

第二章　刑事手続における基本的人権

1　法定手続の保障

某郵便局では、最近、局内において現金が封入された書留封筒が紛失するという事件が多発していた。
K山 郵便局
秘密裡に捜査を進めよう。頼むぞ。
はい
スッ…
あいつだったのか…
郵便局員の田中(23)は、
競艇代欲しさに今まで何度も現金書留封筒を盗んでいたが、今回の調査でついに逮捕された。

起訴された結果、田中は懲役6か月執行猶予2年の有罪判決を受けた。

裁判所
しかし、検察はこの判決を不服として控訴した。

これじゃ量刑不当ですよ。あいつは
もっとやってるんだ。

二審の結果――

判決を言い渡す。

被告は余罪として本件2件の犯行以前6か月に同種手口で犯行を重ねている。

悪質な行為であると同時に郵便業務の信頼を失墜させた責任は重い。

刑務所に入ることになるのか…

余罪8件を認定された田中は懲役10か月の実刑を受けた。しかし田中は、起訴されていない余罪をもとに刑罰を重くすることは、憲法第三一条の適正手続の保障に反するとして、上告した。

第一八条〔奴隷的拘束及び苦役からの自由〕
何人も、いかなる奴隷的拘束も受けない。又、犯罪に因る処罰の場合を除いては、その意に反する苦役に服させられない。
第三一条〔法定手続の保障〕
何人も、法律の定める手続によらなければ、その生命若しくは自由を奪はれ、又はその他の刑罰を科せられない。

学生　この被告人は、現金書留封筒から現金を盗んだとして有罪とされたわけですが、この有罪の中には余罪として起訴されていなかった窃盗事実も含めて審理されて、その結果として懲役を科せられたために不服があったわけですね。

教官　そうです。もう一度憲法第三一条を読み返し順次勉強してみましょう。

学生　「何人も、法律の定める手続によらなければ、その生命若しくは自由を奪はれ、又はその他の刑罰を科せられない。」となっています。

教官　そうですね。この第三一条は、「何人」とありますので、これは他の条文同様日本人のみならず外国人も含まれることは明らかです。

論点（ポイント）

- ○　**証拠裁判主義と罪刑法定主義**
- ○　**不告不理の原則**

学生　本事例ですと、確かに起訴はされなかったのですが、本人の自白もあり、供述調書も作成され、本件事実の悪性立証とか、動機等の事情を考慮して裁判官が法定刑の範囲内で科刑することが、違憲ということですか。

教官　確かに君の言うような学説が、余罪と量刑が問題となったときに、一説として無いわけではありません。この結論を出す前に、第三一条の「法定手続の保障」について復習する必要がありますね。

学生　はい。第三一条は刑罰を科する場合は、

①　法律に定められた手続によること
②　その手続が適正であること
③　実体が法律で定められていること
④　その定められた実体規定が適正であること

が必要かと思います。

また、この第三一条は、人身の自由についての基本原則を定めた規定であり、米国の人権宣言の支柱をなすともいわれている「法の適正な手続条項」に由来するものといわれ、その具体的条文は、

第三一条　法定手続の保障
第三二条　裁判を受ける権利
第三三条　逮捕に対する保障
第三四条　抑留及び拘禁に対する保障
第三五条　住居の不可侵
第三六条　拷問及び残虐な刑罰の禁止
第三七条　刑事被告人の権利
第三八条　自己に不利益な供述と自白の証拠能力
第三九条　遡及処罰の禁止・一事不再理
第四〇条　刑事補償

で規定されています。

教官　なかなか詳しいですね。他には第八二条の「公開裁判」も含まれますね。

学生　確かに憲法は第九八条で国の最高法規と規定してありますが、この憲法を受けた法律の制定で詳細に規定すれば足りると思いますが、いかがですか。

教官　君の言うように第三一条以下の条文は、一般善良市民には直接馴染まない権利の保障ですし、わずか一〇三条の憲法の中で、これだけの規定を設けたことはそれなりに意味があるのです。

学生　どのような意味がありますか。

教官　日本国憲法では、旧憲法に比べて人が生まれながらに持っている権利、つまり基本的人権に関する規定を非常に幅広く保障していますね。その中でも、人身の自由が基本的人権のうち特に重要であることを強調し、刑事手続においても、被告人や被疑者の権利保障を十分なものとする意味があるのです。

基本的人権にはどのような権利があると思いますか。

学生　それは、自由権、参政権、社会権、それと受益権だと思います。

教官　そうですね。よく覚えていましたね。

この自由権、つまり自由権的基本権がまさに人が生まれながらに有する権利という性格が最もよく表現され当てはまるものです。

具体的に説明しますと、自由権的基本権には、

・精神的自由に関するもの
・人身の自由に関するもの
・経済的自由に関するもの

が規定され、第三一条から第四〇条、及び第一八条が人身の自由に関するものに当たります。

このように、多くの条文で規定されているものは、個人が国家から干渉を受けることのない権利です。国家により自由を侵されない権利は、民主主義の国家社会では絶対必要なことであり、これが民主主義のルールでもあ

るわけです。

我々は法律の執行官であり、刑事手続を行っている捜査官としては、憲法の規定の中でも最も重要な部分であり、しっかり理解する必要がある条文です。

必ず昇任試験でも出題される部分ですので、関係法規と関連づけて覚えてください。

君の今言った「手続が適正であること」の手続とは具体的にどのような手続であると理解していますか。

学生　刑事訴訟法上の手続が適正に行われることかと思います。

教官　具体的には、公権力側の一方的な判断によって権利・自由を奪われることのないよう、不利益を受ける個人側に対して、告知とか、弁解及び防御の機会を与えられていることなどを意味します。

教官　そうですね。公権力を法手続的に拘束して人権を保障しようとするものですね。

学生　この第三一条は、刑事手続に関してのみに適用されますか。

教官　犯罪捜査手続以外の行政手続においても、公権力の行使が法に基づいて適正に成されなければならないことは同様であり、行政手続についても第三一条の保障が及びます。

学生　例えばどのような場合でしょうか。

教官　例えば運転免許証の取消し・停止に係る聴聞があります。

学生　教官、第三一条に関し、本事例に対する最初の質問ですが、なぜ量刑を考慮した判決は違憲となるのですか。

教官　それは君が先ほど言ったように、憲法で許されるのは法律で定められた適正な手続を経て処罰される場合に限られ、公訴事実のほか、起訴されていない犯罪事実を余罪として認定し、それも処罰する趣旨の下に、被告人に重い刑罰を科すことは違憲となるのです。

これは刑事訴訟法上の「不告不理の原則」に反し、第三一条のいう法律の定めによらないで刑罰を科すことになるからです。

しかも、憲法第三八条第三項には、「自己に不利益な唯一の証拠が本人の自白である場合には有罪とされ、又は刑罰を科せられない。」と明示しています。このことからしても補強証拠のない自白調書のみでは処罰することはできません。

それに、後日この刑罰の認定に利用された余罪が起訴されないという保障はありません。ということは、仮に起訴されたとすれば既に量刑上責任を問われた事実について再び刑事責任を問われることになり、後述の憲法第三九条に反することにもなります。

君は「不告不理の原則」という言葉を知ってますか。

学生　確か、公訴の提起なしには刑罰を科し得ないとする原則かと思います。

教官　そうですね。最高裁も「起訴された犯罪事実のほかに、起訴されていない犯罪事実をいわゆる余罪として認定し、実質上これを処罰する趣旨で被告人を重く処罰することは許されない。右余罪は、起訴されていないのに、これを認定することは、この不告不理の原則に反し、憲法第三一条に違反する。」（最大判昭41・7・13）としています。

学生　でも裁判所の自由心証主義によって裁判所が真実を述べていると認めれば、補強証拠を要しないのではないのでしょうか。

教官　君が言っているのは公判廷における被告人の自白に関してのことと思います。確かに事実認定している判例もありますが、これは犯罪事実の認定はしていますが処罰（科刑）の対象としてのものではありません。

学生　ということは、情状の面でも考慮はない、ということですか。

教官　それとは違います。裁判所は公訴事実についての審理と合わせて被告人の性格、生い立ち、犯行の動機、目的、手段方法については情状資料として利用することは許され、一つ一つ事実認定を行い適正な量刑を科すのです。これは先の判例の中でも解釈されていることです。

学生　教官の言われるような事情を含めて審理すれば量刑が重くなるとは思えません。それから、自白している他の犯罪事実についても諸事情に含まれないのですか。

教官　君の言うようにいわゆる余罪を単に量刑の資料、すなわち動機・目的・悪性を推知する一情状として考慮する資料として利用することは許されます。第三一条は、先ほども言いましたが、実体法のある適正な手続によって公訴された事実のみ認定することであり、これに反する公権力を拘束、制約することによって人権を保障する規定であるからです。

ですから、起訴されない自白した事実も量刑に含ませたり、科刑することは許されないのです。

学生　第三一条の「生命若しくは自由」の剝奪には基本的自由権も含まれますか。

教官　「生命若しくは自由」は刑罰としての剝奪のみではなく、刑罰以外のためにする財産権も含まれます（最判昭36・11・28）。

学生　財産権とは、具体的にどのような権利をいいますか。

教官　物権、債権、著作権、営業権、水利権その他財産的価値を有するすべての権利をいいます。

学生　「生命を奪はれ」は、刑罰としての死刑が該当する行為と思いますが、「自由」とは自由刑のことですか。

教官　生命については、君の言うとおりですが、この「自由」については、自由刑が該当することは当然ですが、それ以外の自由の拘束、つまり逮捕、勾留、少年法による少年院送致や保護処分等も自由の拘束に含まれるか否かで学説が分かれているのです。

学生　教官、憲法第一八条に人身の自由に関する規定があり、その趣旨は人がその身体を不当に拘束されない自由を保障していますが、第三一条と関連していませんか。

教官　良いところに気がつきましたね。

憲法は君の言うように人身の自由について奴隷的拘束及び苦役を禁止する第一八条のほか、今勉強している刑事手続における人権について第三一条以下に諸規定を設けています。

刑罰による場合であっても「奴隷的拘束」は許されず、また「残虐な刑罰」であることも許されませんが、刑罰であれば「その意に反する苦役」でも許されるのです。

学生　話は変わりますが、「奴隷的拘束」とは、今風ではないですね。日本には、奴隷制度はありませんし、死語ではないのですか。

教官　この条文はかなり古く、旧憲法（明治憲法）の草案づくりの際に参考とされた当時のアメリカ憲法がそのまま受け継がれているといわれています。

ですから、そのまま解釈すれば「奴隷的」に相当する程度に自由を拘束している状態であり、昔の監獄部屋、売春宿（娼婦）がこれに当たります。

学生　話を戻しますが、結論としては、教官の言われる学説については、どのようにお考えですか。行政手続は含まれるか否かということですが。

教官　含まれると思います。

確かに第三一条は刑事手続の保障ですが、先ほども話したように、行政手続についても当然適正な手続を行うべきであり、第三一条の適用を受けるものと解釈します。

下級審の判例でも、

・「憲法第三一条の規定は、直ちに行政手続に適用あるとは解釈することはできないが、行政手続についても処分の性質、手続に応じた適正手続の要請がある。」（東京地判昭54・7・13）

・「憲法第三一条は、主として刑罰を科する場合の法定手続の保障を規定したものであるが、その他の場合においても、国民の権利、自由の制限を行う

場合は、その手続が適正でなければならないことは当然である。」（東京地判昭57・1・26）

としています。

つまり、第三一条は「デュープロセスの原則」（法の適正な手続）と呼ばれています。

学生　刑罰の中には行政罰や懲戒罰も含まれるものですか。

教官　条文にも「その他の刑罰」とあるように、固有の意味の刑罰のほかに秩序罰（過料）や執行罰、行政罰も含まれますが、懲戒罰は特殊な身分関係に伴う制裁ですので団体の内部規律をもって定めれば足りるというのが通説となっています。

学生　その刑罰の中には、物の没収、追徴があると思いますが、第三一条に違反するとした判例があると聞きましたが。

教官　それは、昭和三七年一一月二八日の最高裁の判例です。関税法違反事件で第三者の所有物を没収した問題で「第三者没収は効果が第三者にも及ぶからこの第三者に告知、弁解、防禦の機会を与えることが必要であって、これなしに、第三者の所有物を没収することは本条にいう適正な法律手続によらない財産権の侵害である。」としたものです。

この判例によって、「刑事事件における第三者所有物の没収手続に関する応急措置法」が制定されております。

学生　「法定手続の保障」の法定手続とは、刑事訴訟法の規定を意味していますか。

教官　刑事訴訟法のみではなく、刑法の実体規定についても、それが適正であることを意味しています。その理由は、法定手続の保障は前提となる実体規定が適正であって初めて権利自由の保護の役割を果たすことになるからです。これが刑事手続法定主義というものです。

学生　その刑事手続法定主義というものをもう少し詳しく説明してください。合わせて実体規定が適正ということも何か曖昧なような気がします。

教官　刑罰を科するにはその手続及び規定が法律で定められるべきこと、並びにその法律内容そのものが適正であることも求めた規定であります。つまり、

①　刑罰が法律によって定められていること

②　犯罪構成要件が明確であること

③　犯罪と刑罰の均衡が保たれていること

が充足されていることを意味します。

刑法の罪刑法定主義がこの第三一条を受けたものです。罪刑法定主義については覚えていますか。

学生　はい、確か、

① 慣習刑法の排斥
② 遡及処罰の禁止
③ 類推解釈の禁止
④ 絶対的不定期刑の禁止
⑤ 構成要件の明確性

であったと思います。

教官　よく答えられましたね。さすが刑事手続に携わっている者ですね。

学生　教官は先ほど、「刑事手続の保障」と言われましたが、刑事手続のみに適用されるものですか。

教官　この規定の「法律の定める手続」とは、個人に刑罰を科する手続が法律によって定められていなければならないことを意味しています。

形式的な法律のほか、政令とか条例も含まれるし、手続とは刑事手続のみではなく、行政手続においても、公権力の行使が法に基づいて適正になされなければならないことは当然です。

学生　具体的には、刑罰ではどのような手続をいいますか。

教官　それは、この条文以下の条文に被告人又は被疑者の権利として保障されていますが、具体的には公権力の一方的な判断によって権利・自由を奪われることのないように、また不利益を受けることがないように、個人の側に告知や弁解及び防禦の機会を与えられていることです。

学生　話がそれましたが、本事例の場合は起訴されていない余罪を実質的に処罰する趣旨で量刑に含ませて有罪判決をしたのですから、第三一条違反ということですね。

教官　そうとは言い切れません。ただ本罪の情状として考慮したものか、余罪として認定したものかの両者の限界は微妙な解釈となりますね。

学生　我々捜査官としては、余罪として立証する趣旨で事実を明確にすることが大切ですね。

●参考判例●

・最判昭53・9・7
・小売市場事件（最大判昭47・11・22）
・最大判昭41・7・13
・最大判昭32・11・27
・最大判昭42・7・5

〈本事例の検討〉

本事例と同種の事案について、最高裁昭和四二年七月五日の判決で、次のような判断が示されている。

「刑事裁判において、起訴された犯罪事実のほかに、起訴されていない犯罪事実をいわゆる余罪として認定し、実質上これを処罰する趣旨で量刑の資料に考慮し、これがため被告人を重く処罰することが、不告不理の原則に反し、憲法三一条に違反するのみならず、自白に補強証拠を必要とする憲法三八条三項の制約を免れることとなるおそれがあって、許されないことは、すでに当裁判所の判例（昭和四〇年（あ）第八七八号同四一年七月一三日大法廷判決、刑集二〇巻六号六〇九頁）とするところである。（もっとも、刑事裁判における量刑は、被告人の性格、経歴および犯罪の動機、目的、方法等すべての事情を考慮して、裁判所が法定刑の範囲内において、適当に決定すべきものであるから、その量刑のための一情状として、いわゆる余罪をも考慮することは、必ずしも禁ぜられるところでないと解すべきことも、前記判例の示すところである。）」

2　不法な逮捕からの自由

後の裁判で、角田は一審・二審とも有罪の判決を受けた。
裁判所
しかし
納得がいかんぞ。
あの時オレは警察署で令状なしで逮捕されたんだ。
憲法には何て書いてあるんだ。
六法
憲法第三三条――何人も、現行犯として逮捕される場合を除いては、権限を有する司法官憲が発し、且つ理由となっている犯罪を明示する令状によらなければ、逮捕されない。
ム…
むう…憲法では令状なくして逮捕できるのは現行犯逮捕の場合だけということか。
それじゃ緊急逮捕は違憲ということになるじゃないか！
よし
角田は、憲法第三三条に反するものとして上告した。
六法

第三三条〔逮捕に対する保障〕
何人も、現行犯として逮捕される場合を除いては、権限を有する司法官憲が発し、且つ理由となつてゐる犯罪を明示する令状によらなければ、逮捕されない。

第三四条〔抑留及び拘禁に対する保障〕
何人も、理由を直ちに告げられ、且つ、直ちに弁護人に依頼する権利を与へられなければ、抑留又は拘禁されない。又、何人も、正当な理由がなければ、拘禁されず、要求があれば、その理由は、直ちに本人及びその弁護人の出席する公開の法廷で示されなければならない。

学生　第三一条で法定手続の保障として「自由を奪はれ」とか、「刑罰に科せられない」とし、また第三三条で重ねて身体の自由について規定することは条文を細分化したことになりませんか。

教官　そうではありません。

君は、第三一条以外には刑事罰を科する手続に関しての規定としては憲法上どのような規定があるか知っていますか。

学生　先ほど説明を受けました第三一条の「法定手続の保障」から第三九条の「遡及処罰の禁止・一事不再理」等が規定されています。

教官　そうですね。

第三一条がこれら刑事裁判手続上の権利保障の規定の冒頭に置かれていることからみても、まず刑罰を科する規定が法律で定められ、かつその内容も適正なものでなくてはならないということを意味しているのです。

そこに第三一条の趣旨がありますから、決して細分化したことにはなりません。

君は、罪刑法定主義という言葉がありますが、その意味も分かりますね。

学生　それは警察官となった時に警察学校で教わりました。

つまり、いかなる行為についていかなる刑罰が科せられるかは、あらかじめ法律で定められていなければならないと定義付けされています。

教官　そうですね。第三一条は、この罪刑法定主義を規定したものです。

論点（ポイント）

- ○　現行犯逮捕と令状主義
- ○　犯罪を明示する令状
- ○　緊急逮捕の合憲性

学生　分かりました。そういう意味でこの第三三条は人の身体の自由を憲法が直接的に制限するものですね。

教官　第三三条と第三四条が身体の自由について規定したものであり、第三三条は逮捕に関し逮捕の要件、特に令状主義の原則と令状発付についての司法的抑制を規定したものです。

学生　令状主義とは、逮捕の可否について個々の事件、被疑者ごとに公平な立場の裁判官の事前の判断を受けるものと解していいですね。

教官　そうです。したがって、この令状は逮捕すべき対象者を明示し、かつ逮捕の理由となっている犯罪を個別かつ具体的に明示するものでなければなりません。

学生　犯罪の特定のないもの、罪名のみを記載した令状では許されないのですね。

教官　そうです。

学生　第三三条において、「現行犯として逮捕される場合を除いては」とありますが、「現行犯」は令状主義の例外ですね。

教官　そうです。

　現行犯人を令状なくしても逮捕できるとした理由は、犯人が罪を犯したことが明白であり、令状なしで逮捕しても人権侵害の危険が少ないと判断されたからです。

　ところで、現行犯人とは、どういうものかは理解していますね。

学生　はい。刑事訴訟法第二一二条第一項の「現に罪を行い、又は現に罪を行い終つた者」のことです。

教官　そうですね。

　刑事訴訟法第二一二条第二項は、「犯人として追呼されているとき」、「贓物又は明らかに犯罪の用に供したと思われる兇器その他の物を所持しているとき」、「身体又は被服に犯罪の顕著な証跡があるとき」、「誰何されて逃走しようとするとき」に「あたる者が、罪を行い終つてから間がないと明らかに認められるときは、これを現行犯人とみなす」として、準現行犯人も現行犯人とみなしていますが、この準現行犯人も第三三条のいう現行犯に含まれます。

　ここで少し刑事訴訟法の復習をしてみましょうか。刑事訴訟法の「現に罪を行い」とはどのような場合ですか。

学生　「現に罪を行い」とは、犯罪行為が継続されている状態であると思います。私は自分の覚え方として犯罪が「燃えている状態」であると理解しています。

教官　そうですね。刑法第二二〇条の監禁罪のように犯罪行為が継続している限り「現に罪を行い」の状態であり、つまり継続犯であるから、現行犯逮捕が許されるのです。

気をつけなくてはならないのは、「状態犯」の場合です。つまり、状態犯とは、犯罪は行い終わったのですが、その犯罪によって引き起こされた違法の状態が継続しているにすぎない場合です。

「現に罪を行い終つた」とは、どういう場合ですか。

学生　私の理解方法でいえば、「犯罪が燃え終わった場合」で、時間的にやや経過した状態の場合をいいます。

教官　旧刑事訴訟法にも現行犯に関する規定があり、「現ニ罪ヲ行ヒ終リタル際」として犯罪の実行行為の終わった時点はもとより、その後の時間に多少の隔たりがあっても、犯罪行為の行われた痕跡がまだ明瞭にある場合を示し、必ずしも犯人はその場に居ることを要しない（最判昭23・12・14）としています。

ですから、「現に罪を行い終つた」とは、犯罪行為が終了した瞬間だけではなく、社会常識によってある程度の時間の幅が許されています。更に今話した刑事訴訟法第二一二条第二項の準現行犯についても、客観的に見て犯罪の容疑が極めて高く、現行犯人と扱いをすることが適当と認められる場合は、いわゆる「現行犯人とみなして」警察官のみでなく、一般市民も逮捕状なくして逮捕することが許されるのです。

学生　そうしますと、準現行犯人の場合は、この刑事訴訟法第二一二条第二項の各号の一つの要件に当たればいいわけですね。

教官　準現行犯の要件は各号のいずれか一つを備えていることのほかに次の要件を満たしていなければなりません。それは、罪を行い終わってから間がないと明らかに認められる時でなければならないのです（刑事訴訟法二一二条二項）。

学生　「間がない」とは何か曖昧な表現ですね。

教官　この場合の「間がない」とは、必ずしも犯罪行為終了直後に限るものではなく、時間的に接近していればよいと解されています。これが「時間的接着性」といわれているものです。ではどの程度の時間をいうのか。それは、それぞれの場合の社会的通念によって定められるべきものであり、一概にはいえませんが、判例の中には数時間を経過した場合でもこれを認めたものもあります。

学生　そうしますと、現行犯や準現行犯の要件を欠く場合は、緊急逮捕なり、通常逮捕をすることになりますね。

教官　そうですね。一般的には時間的接着性の要件の一つを備えている者について罪を犯したことを疑うに足りる充分な理由がある者は、緊急逮捕すべきであり、逮捕状の請求手続を行わなくて済む現行犯、準現行犯で処理することがあってはなりません。

学生　そうですか。逮捕に関しては、それぞれの逮捕の要件を理解することが大切なことが分かりました。第三三条に戻りますが、「司法官憲」とは裁判所又は裁判官と解してよろしいですか。

教官　よろしいですよ。

刑事訴訟法第一九九条の通常逮捕も、この結論を前提として逮捕状は裁判官が発するとしています。

学生　「犯罪を明示する」とは、どの程度の記載なり、明示が必要ですか。

教官　逮捕の理由となっている罪名のみではなく、犯罪事実の内容も明示する趣旨のものです。

これを受けた刑事訴訟法第二〇〇条では、

・被疑者の氏名及び住居
・罪名
・被疑事実の要旨
・引致すべき官公署その他の場所
・有効期間及びその期間経過後は逮捕をすることができず令状はこれを返還しなければならない旨
・発付の年月日
・請求者の官公職・氏名

を記載して裁判官の記名押印をすることとしています。

学生　「令状」とあるのは逮捕状のことですね。

教官　そうです。逮捕の権限を付与する文書のことです。ただし、第三三条の逮捕には、刑事訴訟法の逮捕のほかに勾引や勾留を含みますので、ここでの令状には、逮捕状のほかに勾引状や勾留状も含みます。

学生　つまり、逮捕状は裁判官の許可状ということですね。

教官　そうです。逮捕状は執行命令状ではありません。ですから逮捕の必要性がなくなれば執行する必要はありません。ただし、勾引状や勾留状は命令状です。

学生　「令状によらなければ」とありますので、これは逮捕状や勾引状等に基づいてと解し、逮捕や勾引前に相手にこの令状を示すことを要求していますね。

教官　原則からすれば事前に示すことが望ましいでしょう。刑事訴訟法も通常は事前に逮捕状、勾引状や勾留状を示さなければならないと規定しています。

また、急速を要する場合は、逮捕状を所持していなくても、被疑者に対し、被疑事実の要旨及び逮捕状が発せられている旨を告げて逮捕することが許されています。

これが「逮捕状の緊急執行」といわれているものです。

学生　教官、しかし令状主義の原則は絶対的に例外は許されない、というものではないですよね。

教官　君の言いたいのは、緊急逮捕の場合ですね。

学生　そうです。確かに人権保障から考えれば第三三条の令状主義が原則ですが、現に犯罪を行ったことを自白している犯人に対し現行犯人としての要件を欠き逮捕できなかったり、逮捕状による逮捕をする時間的余裕がない場合もありますので、緊急逮捕は許されるべきだと思います。

教官　君は緊急逮捕の要件は暗記できていますか。

学生　もちろんです。私は刑事ですよ。

刑事訴訟法第二一〇条第一項に「死刑又は無期若しくは長期三年以上の懲役若しくは禁錮にあたる罪を犯したことを疑うに足りる充分な理由がある場合で、急速を要し、裁判官の逮捕状を求めることができないときは、その理由を告げて被疑者を逮捕することができる。」と規定されています。

教官　さすがですね。

百点満点です。死刑又は無期若しくは長期三年以上の刑に処断されるような重大事件を犯した者であることが判明しているのに、常に逮捕状による逮捕とか、現行犯のみでなければ逮捕できないのであれば、社会平和は実現できなくなりますね。ですから警察官に応急的な措置として逮捕権を与えているのです。第三三条との関係でも、緊急措置として事前に逮捕状を用意していなくても逮捕できるものとしています。

確かに憲法には緊急逮捕に関する直接的な規定はありません。判例においても、厳格な制約の下に罪状の重い一定の犯罪のみについて緊急やむを得ない場合に限り行われること、逮捕後直ちに裁判官の逮捕状を求めることが条件とされていることから、第三三条の趣旨に違反しないと解されています（最大判昭30・12・14）。

当然裁判官から逮捕状の発付が得られなかった場合は、直ちに被疑者を釈放しなければなりません。

学生　緊急逮捕が違憲となれば我々捜査員は捜査に支障を来します。

教官　そうですね。現実に存在することですので、一切の逮捕が許されないとすると、社会治安を維持することは不可能ですね。

学生　結局、通常逮捕と緊急逮捕とは、逮捕状が事前に発付されているか、それとも事後に発せられるかの違いであり、第三三条の「令状による逮捕」であることには変わりなく、事例に関しても何ら違憲ではない、ということになりますね。

教官　そうです。今まで説明したように、この第三三条は逮捕の要件を定めていますが、次の第三四条は抑留、拘禁についての要件を規定し、人権の自由を保障しています。

学生　それで逮捕については第三三条で令状主義の原則を定め、第三四条においては、不法な身体の拘束がなされないように「理由を告げられる」とか、「弁護人依頼権の保障」を規定しているのですね。

教官　そうです。

まず身体の拘束をする場合は、理由を告げる必要がありますね。

学生　拘束を受けるわけですから、当然その理由を直ちに告げられなければ不安ですし、承諾できませんね。でも、教官、その理由はどの程度の告知が必要かどうかも問題ですし、「抑留」と「拘禁」はどう異なるのですか。

教官　拘束を受ける相手の境遇や状況等によっても異なると思いますが、いずれにしても、相手がなぜ拘束されるのか理解できるように告知する必要があります。

また、「抑留」と「拘禁」の関係ですが、いずれも刑事手続上の身体の拘束に関する規定で、「抑留」は一時的に拘束することで、「拘禁」は比較的継続的な拘束をいいます。

学生　そうしますと、逮捕は「拘禁」に当たりますね。

教官　いいえ、逮捕行為による一時的な自由の拘束であり、「抑留」に当たります。ですから、勾引状による勾引に伴う留置もこれに当たり、逮捕後の勾留や鑑定留置が「拘禁」に該当します。

学生　「理由を直ちに告げ」とありますので、正当な理由が無ければ抑留又は拘禁できないことは当然ですが、どの程度の内容を告げる必要がありますか。

教官　先ほども少し言いましたが、ただ単に「お前を窃盗罪で逮捕する。」等と罪名のみを告げても不十分です。嫌疑それ自体の存在、つまり犯罪事実自体を告げる必要があります。

学生　刑事訴訟法は逮捕の理由として通常逮捕の場合は「罪を犯したことを疑うに足りる相当な理由」とし、緊急逮捕の場合は「罪を犯したことを疑うに足りる充分な理由」を要件としていますが、その理由と第三四条の理由は同一程度と解釈してもいいですか。

教官　刑事訴訟法の各逮捕の理由は、刑事訴訟手続が正当になされたことを担保しています。

君の言うのは、それぞれの逮捕の要件ですね。これは、刑事訴訟手続上の実質的な要件ですので第三四条とは意味が違います。

第三四条の規定を受けた刑事訴訟法の規定として、刑事訴訟法第二〇三条では逮捕した被疑者に対して司法警察員が犯罪事実の要旨を告げることとされています。それ以外でも勾留、勾引などにより身体の拘束をした場合は直ちに理由を告げるべきものとしています。

学生　分かりました。次に「直ちに弁護人に依頼する権利」とありますが、これも告げる必要があるのですね。

教官　告げることまで要求していませんが、第三四条は拘禁された者はすべて弁護人を依頼することができるという意味です。

学生　よく外国映画の逮捕シーンですと、犯人逮捕のとき、「お前は弁護人を選任することができる。」等と告げて逮捕していますが、日本ではこのようなことはない、ということですね。

教官　そうです。

詳細な規定は、第三四条を受けた刑事訴訟法第二〇九条、第七八条に規定されていますが、君の言う外国映画のシーンのような規定は残念ながらありません。

それは今言うように刑事訴訟法は、逮捕の手続として

①　司法警察員への引致

②　弁護の機会を与えること

③　弁護人選任権の告知

を規定しているので、逮捕後は直ちにこれらの行為がなされるのです。つまり、第三四条の趣旨を刑事訴訟法において規定しているのです。

学生　この弁護人選任権の保障は「何人も」と規定していますので、外国人の被疑者又は刑事被告人にも適用されますね。

教官　憲法上の表現で「何人も」となっている場合でも一律適用されるとは考えられないものもありますので、これは人権の性質によって区分けするというのが通説です。権利の性質上外国人に認められないものとしては、参政権及び社会権が挙げられます。

これに対して、精神的自由権や刑事手続における権利は人間として当然有する権利ですから、外国人にも原則として認められています。

第三四条は、被疑者としての権利行使を妨害することを禁止したものであり、その適用は、公訴を提起されていない被疑者についてです。当然外国人被疑者も適用を受けます。

また、刑事被告人については、憲法第三七条第三項で弁護人選任権が保障されていますので、第三四条の適用はありません。ただ、第三七条第三項後段で規定している国選弁護人を選任する権利までも被疑者の権利として保障されておりません。

学生　教官、しかしおかしいですね。この第三四条の後段に前段同様のような文言で「何人も、正当な理由がなければ、拘禁されず、」と規定していますが、よく理解で

きません。どういうことですか。

教官　第三四条後段は、拘禁された者のみに関しての規定です。拘禁の方が抑留よりも一層継続的に身体の自由を侵害されますから、特に十分な理由を要求する権利を示したものです。ですから、抑留に含まれる逮捕中の被疑者にはこの権利はありません。

学生　これを受けて刑事訴訟法に勾留開示制度が設けられているのですね。

教官　よく気が付きましたね。

学生　それは以前、恐喝事件の被疑者に対する勾留要求を行い、勾留した際選任弁護人から勾留開示がなされ、公開法廷で理由を請求されたことがあるからです。

教官　結果はどうなりましたか。

学生　裁判官は、我々の理由を相当と認めてくれ、勾留を得ることができました。

教官　その裁判のとき、被疑者は意見陳述をしなかったでしょう。

学生　そういえば何も言っていませんでした。

教官　そうでしょうね。というのは、第三四条は公開の法廷で理由が示されていることを要求し、その理由について、拘禁されている者や検察官、配偶者等が意見を述べることができますが、その権利を保障したものではないと解されているからです。

学生　それで分かりました。

●参考判例●

・最大判昭30・12・14

・狭山事件（最決昭52・8・9）

〈本事例の検討〉

本事例と同種の事案について、最高裁昭和三〇年一二月一四日の判決で、次のような判断が示されている。

「刑訴二一〇条が、検察官、検察事務官又は司法警察職員に対し逮捕状によらず被疑者を逮捕することができることを規定しているのは憲法三三条に違反するというのである。しかし刑訴二一〇条は、死刑又は無期若しくは長期三年以上の懲役若しくは禁錮にあたる罪を犯したことを疑うに足る充分な理由がある場合で、且つ急速を要し、裁判官の逮捕状を求めることができないときは、その理由を告げて被疑者を逮捕することができるとし、そしてこの場合捜査官憲は直ちに裁判官の逮捕状を求める手続を為し、若し逮捕状が発せられないときは直ちに被疑者を釈放すべきことを定めている。かような厳格な制約の下に、罪状の重い一定の犯罪のみについて、緊急已むを得ない場合に限り、逮捕後直ちに裁判官の審査を受けて逮捕状の発行を求めることを条件とし、被疑者の逮捕を認めることは、憲法三三条規定の趣旨に反するものではない」

3　不法な侵入・捜索押収からの自由

なんだ
どーした。
あ
お父さん。
あ！
逮捕状
松本和夫さん、
覚醒剤の譲り渡
し容疑で逮捕し
ます。
おまえのベッドの
下からこんなもの
が2パック出てき
たぞ！
ぐっ
……
松本は捜査官に
逮捕状により
逮捕された。
譲り渡しと所持の
罪で有罪となった。
逮捕前の捜索は
違法じゃないのか？
松本は、
逮捕に先立って行われた捜索
は違法であり、発見された
覚醒剤に証拠能力はない
として、控訴した。

第三五条〔住居の不可侵〕
① 何人も、その住居、書類及び所持品について、侵入、捜索及び押収を受けることのない権利は、第三十三条の場合を除いては、正当な理由に基いて発せられ、且つ捜索する場所及び押収する物を明示する令状がなければ、侵されない。
② 捜索又は押収は、権限を有する司法官憲が発する各別の令状により、これを行ふ。

学生　この第三五条は住居及び財産の保障について規定したものですね。

教官　そうです。刑事手続に関して住居侵入、捜索押収につき令状主義の原則と司法的抑制を定めたものです。

憲法は個人の私生活の自由を重視する立場に立って、住居の不可侵と個人の書類や所持品の不可侵とを規定しています。

学生　我々捜査員としては、刑事訴訟手続においては証拠の収集、犯人の発見確保のために他人の住居等に強制的に立ち入り、犯人や証拠物を捜索し、犯人の確保や証拠物の占有を強制的に取得する必要があり、当然ここに私生活の平穏が侵されるのですから、何らかの司法的抑制が定められているのですね。

論点（ポイント）

○　「捜索する場所及び押収する物」を明示する各別の令状とは
○　違法収集証拠の証拠能力

教官　そうです。後でお話ししますが、プライバシーの保護の立場からも当然侵すことができない権利の一つです。第三五条を受けた刑事訴訟法の規定は第二一八条にあります。

学生　第三五条の「住居」とは、人が居住するために使用している建物という意味ですか。

教官　第三五条の趣旨からすると、人の私生活の自由が尊重されなければならないと認められる場所を意味しますので、住居はもちろん会社の事務所、ホテルの客室等も含まれます。ですから、現に居住している事実まで第三五条は求めていません。

学生　次の「書類及び所持品」ですが、書類も所持品の一種ですよね。何か区別する特別の理由があるのですか。

また、所持品とは、現に握持している物を示すのですか。

教官　人が現に身体に付けて所持している物とか、握持している物だけではなく、人が占有する一切の物を意味します。また、君の言うとおり書類も所持品に含まれますが、区別したのは書類は通常の所持品に比べその内容そのものが証拠としての価値を有する重要な意味があるからです。

特に、問題となる場合は郵便物の押収です。

学生　郵便物については、確か憲法第二一条で通信の秘密が規定されて、侵すことのできない権利として保障されていますが。

教官　君の言うとおり第二一条の「通信」には、信書、電報、電話等の内容の秘密は保障されていますし、これを受けた郵便法や電気通信事業法にも規定があります。具体的には、公権力によって通信の内容を探知してはならないこと、また職務上知り得た秘密を漏らすことの禁止が規定されています。

しかし例外として、刑事訴訟法では、私人が所持している場合は証拠物又は没収すべき物として押収することができ（九九条）、通信事務を取扱う者が保管・所持し、被告事件に関係があると認められるものであれば押収できる（一〇〇条一項、二項）としています。

このような意味からしても区別されているのです。

学生　「捜索及び押収」とありますが、「捜索」とは一定の場所内について人や物を探すことで、刑事訴訟法の検証や捜索の意味ですね。そして「押収」とは物の占有を強制的に取得することですね。

教官　そうです。刑事訴訟法上の捜索については、同法第一〇二条、第一二六条、第二一八条、第二二〇条に規定され、押収については、同法第九九条、第二一八条、第二二二条に規定されています。

ただし押収に関しては、刑事訴訟法上占有者などから、強制的に占有を取得する「差押え」と、遺留された物又は任意に提出された物の占有を取得する「領置」をいいます（一〇一条、二二一条）。第三五条でいう「押収」とは、刑事訴訟法上の差押を意味します。

学生　「第三三条の場合」というのは、第三三条による現行犯逮捕、通常逮捕、緊急逮捕の各逮捕に伴って捜索等を行う場合は第三五条の令状を要しないで住居の立入りや捜索、押収ができるという意味ですね。

教官　そうです。刑事訴訟法も、この第三五条を受けて各逮捕のために必要がある場合には、令状なしに人の住居等に立ち入って被疑者の捜索を行い、逮捕の現場で差押、捜索又は検証することができると規定しています（二二〇条）。

学生　逮捕に伴う場合以外は、すべて捜索状や差押状を得てその令状を相手に示して強制処分を行うわけですね。

教官　そうです。第三五条は、「場所及び物」と規定していることからも分かるように、いずれも明示するものでなければなりません。「場所」については、捜索する場所を他の場所と区分する必要があるから具体的に住所番地を明示し、「物」については、証拠物として必要な差し押さえ得るべき物を複数具体的に列記する必要があります。

そして、「各別の令状」とは、個々の捜索又は押収にはそれぞれ独立して令状が必要であることを意味しています。つまり、同一の令状に数個所の捜索場所を列記したり、数個の物を記載するような包括的な令状は許されないことです。

学生　でも教官は今、物の明示は複数列記する必要がある、と言われませんでしたか。

教官　私が言った意味は、一つの場所に存在する複数の物を一時に一括して押収する場合はこれらを一括して記載する（列記する）ことが許されるということです。

学生　「捜索又は押収は権限を有する司法官憲が」とありますが、捜索した結果令状に記載されていない他の事件の証拠物を発見した場合は押収する手続が必要となりますか。捜索令状又は押収令状それぞれ各別の令状、つまり二通の令状が必要ということですか。

教官　一つの事件で同一機会に一定の場所を捜索し、そこに存在する複数の物を押収しようとする場合は、捜索差押令状は一通で足ります。

学生　もし、この令状主義に違反して押収した証拠物は違法収集証拠となりますね。

教官　そうですね。令状主義の精神、住居の不可侵の権利の保障、あるいは法定手続の保障等からして証拠として許容することはできませんので、証拠能力も否定されることになり、押収物は直ちに返却する必要があります。

以前の判例で、

・被疑者が外出中であったが、帰宅次第逮捕する態勢で同人宅の捜索を開始し麻薬を押収し、捜索終了のころ帰宅した被疑者を緊急逮捕した事件

において、捜索開始の二〇分後の逮捕ですが、判例は「捜索差押行為が先行したとはいえ、事件的に密着し、場所的には逮捕の現場であるので捜索差押の違法性はない。」と判示し、その違法収集証拠の証拠能力については、「押収手続が違法であっても物それ自体の性質、形状等に変異を来すはずはないのだから、その形状等に関する証拠たる価値に変わらない。」とした判例が長い間通説でしたが、その後の昭和五三年に、「令状主義の精神に没却するような重大な違法であり、これを証拠とし

て許容することは許されない。」（最判昭53・9・7）と、証拠能力を否定しております。

学生　今教官が言われた「緊急逮捕の際に先駆けて捜索した事件」は、本事例の場合に似ていると思います。軽く流してしまったのですが、もう少し詳しく教えてください。

先ほどの話でも出たように「憲法第三三条の場合」というのは当然に緊急逮捕も含まれますので、捜索や差押えの令状を要しないで捜索のために他人の住居に立ち入ることや、被疑者を捜索したり、逮捕の現場で差し押さえることができることも分かりましたが、問題は逮捕に先立ち捜索することが憲法第三三条の場合に当たるかどうかですよね。

教官　そうですね。

私が先ほど判例を示しましたが、その裁判の焦点もそこにあります。君は「逮捕の現場」をどのように理解していますか。

学生　現場というのですから、逮捕の着手行為から逮捕の完了までの場所をいうと思います。

教官　刑事訴訟法第二二〇条の「逮捕の現場で」の意義については、場所的同一性があることを相当とし、逮捕との時間的接着性を必要としますが、逮捕着手時の前後関係はこれを問わないと解すべきであるというのが定説です。

学生　本事例ですと、通常逮捕のために被疑者宅に赴いたのですし、帰宅した被疑者を自宅で逮捕していますので、逮捕着手行為があると思います。ですから本事例は逮捕の現場に当たると思います。

教官　そうですね。よくできました。

逮捕に伴う捜索押収を令状主義の例外として認めている理由は、逮捕という法益侵害に付随する効果であること、証拠の存在する蓋然性が高いこと、証拠保全の措置の必要性から容認されているのです。

しかし、学説の一部には、逮捕着手後でなければいけないとか、現実に逮捕したことを要するとの説もありますが、逮捕との時間的接着性があれば、逮捕の前後は問わないと解するのが正当ですね。

学生　時間的接着性とはどの程度の時間的経過が許されるのですか。

教官　本事例ですと、被疑者の帰宅時間について娘さんが「父は、もう一〇分も過ぎれば帰ります。」と申し立てていること、被疑者もそのとおりに帰宅していることからしても、帰宅の可能性が極めて高い状況下の捜索であり適法と思われます。被疑者が既に逃走しているとか、帰宅の可能性が極めて少ない場合にはやはり違法性がありますか。

学生　違法とされた判例はありますか。

教官　あります。例えば、

・ホテル五階の待合室で現行犯逮捕し、三五分後に七階の部屋で大麻等を捜索・差押えをした事例（横浜地判昭43・12・12）

・歩道上で現行犯逮捕し、一キロ離れた警察署でポケットから爆竹を捜索・差押えをした事例（大阪高判昭49・11・9）

・準現行犯逮捕の現場から一〇キロ離れた警察署で所持品を捜索・差押えをした事例（東京高判昭47・10・13）

があります。

学生　いずれの判例も捜索行為は逮捕の現場とは関係ない場所で行われているので、逮捕との場所的同一性が問題となったのですね。

教官　そうです。

それに対して、本事例は、逮捕場所と同一であるので適法とされたのです。

学生　本事例では、もう一点、一七歳の未成年者からの任意提出は無効であるということが問題ですが、私は、一七歳は確かに未成年者ですが、分別がないとか捜索が理解できない年齢ではないと思いますので無効ではないと思います。

教官　この事例での捜索・差押え行為自体は、通常逮捕に伴うものとして適法であり、問題はないと思います。

君も知っているように占有者、所持者、保管者から証拠物を任意に提出を受ける場合には、まずその者が占有者なり、所持者なりになり得るかを検討するとともに、必ず相手の承諾が得られなければなりません。

本事例ですと、捜査員が発見した覚醒剤は、松本の寝室内で発見され、松本の所有物と思われます。それでは、松本以外には提出の承諾が得られないかと考えると、必ずしも松本の承諾がなくても娘さんにも占有権は有しているのでこれもクリアできます。

問題は、君の言うように一七歳の未成年者は捜索の意味が理解できない者に当たるか否かでありますが、年齢で判断するものではありません。実際、未成年者であっても適法であるという判例もあります。

しかし、我々捜査員としては常に公判に耐え得る適正な捜査を考えなければなりません。夜間の捜索・差押えをするときは、本事例のように未成年者の承諾を求めて立ち会わせることは、後日問題とされる可能性が大きいので避けるべきでしょうね。

学生　素朴な疑問ですみませんが、この発見した覚醒剤の押収行為は、逮捕の現場での差押えとすべきか、任意提出とすべきでしょうか。

　また、通常逮捕の逮捕事実に関する証拠のみは、差押えができ、それ以外の証拠物は任意提出となるのですか。

教官　いいところに気が付きましたね。逮捕の現場での捜索、差押え、検証の対象である身体、物、場所は、当該被疑者の逮捕の理由となっている被疑事実に関するものについてのみ行い得るものです。つまり、他の犯罪に関連する物の差押え等はできないということです。本事例で発見した覚醒剤は任意提出の手続をとることになります。

学生　本事例とは関係ありませんが、よく問題になるのは、職務質問の付随行為としての所持品検査で、相手方の意思に反して、相手のポケットに手を入れたり、カバンのチャックを開ける行為でしょうね。

教官　実務で問題になるケースですね。判例はまさにそのケースで、一、二審とも証拠能力を否定しましたが、先ほど言いました昭和五三年の最高裁判例では、本件は警察官が所持品検査として許容される限度をわずかに超え、その者の承諾なく押収した点に違法があるにすぎないので、本件証拠物の証拠能力を肯定しています。この判例の中で許容基準を示しています。それは、

①　捜索に至らず、
②　強引にわたらず、
③　必要性、緊急性が認められ、
④　これによって害される個人法益よりも保護される公共の利益が大で、
⑤　その他具体的状況のもとで相当と認められる場合に許されるとしています。

　この判例が通説として固まっています。

学生　第三五条は、刑事事件に関する強制処分について事前の司法的抑制ということですが、行政手続における臨検、捜索押収にも適用されますか。

教官　この点については、学説も意見の分かれるところですが、多数説は類推適用すべきであるとし、判例も適用があるとしています。

●参考判例●

・最大決昭43・6・12
・最大判昭36・6・7
・最判昭53・9・7
・最決昭53・6・20

〈本事例の検討〉

本事例と同種で緊急逮捕が行われた事案について、最高裁昭和三六年六月七日の判決で、次のような判断が示されている。

「『逮捕する場合において』とは、単なる時点よりも幅のある逮捕する際をいうのであり、……逮捕との時間的接着を必要とするけれども、逮捕着手時の前後関係は、これを問わないものと解すべきであ〔る〕。……被疑者がたまたま他出不在であっても、帰宅次第緊急逮捕する態勢の下に捜索、差押えがなされ、且つ、これと時間的に接着して逮捕がなされる限り、その捜索、差押えは、なお、緊急逮捕する場合その現場でなされたとするのを妨げ〔ない〕。」

4　拷問及び残虐刑の禁止

午後8時頃前川宅で
母親が息子に金属
バットで殴り殺される
という事件が起きた。
前川智男
（23歳）無職
高校卒業後、
職を転々とするがどれも長続き
せず母親の元に帰ってからは定
職につかずにいた。
当然死刑よね。
えー
私、実は死刑に
反対なのよ。
生命を尊重する憲法
に反しないかしら…
あの人お母さんからパチ
ンコ代をせびっては遊び
歩く毎日を繰り返してい
たそうよ。
自分は働きもせずに…
ふーん。
それを聞いちゃう
とね。
裁判を見に行って
みようかな。

前川は一審・二審とも
死刑の判決を受けた。
私、裁判を傍聴してきたのよ。
前川さんの息子の件？
やっぱり死刑でしょ当然よね。
うん
一審と同じで死刑の判決は変わらなかったんだけど…
どうやら前川さんの息子はそれが不服で上告したらしいの。
上告？
一体何を理由に？
前川は、
死刑は憲法第三六条の
「残虐な刑罰」に当たり
憲法違反であるとして
上告した。

第三六条［拷問及び残虐な刑罰の禁止］
公務員による拷問及び残虐な刑罰は、絶対にこれを禁ずる。

学生　この第三六条の拷問は、自白させるために暴行を加えることですが、憲法制定時の昭和二一年当時にも限定する必要があるほど、警察官らによる暴行が頻繁に発生していたのですか。

教官　古くから刑事手続で自白を得る手段として肉体的苦痛を与える拷問が、自白のみで有罪とする時代では当然のように行われていました。

明治に入っても拷問的行為は後を断たないことから、拷問絶対禁止が条項として規定されました。

学生　刑罰は身体に対する制裁ですから、人身の自由を拘束し、ある程度の精神的、肉体的苦痛はやむを得ないのではないのですか。

教官　君の言うようにおよそ刑罰は当然ある程度の精神的、肉体的かつ財産的苦痛を伴うものです。しかし、不必要なこれらの苦痛で人道上残酷と認められる内容の刑罰は「残虐な刑罰」に当たり、これが禁止されているのです。

論点（ポイント）

○　**死刑と残虐な刑罰**

学生　「残虐」というと、江戸時代の火あぶり、はりつけ、さらし首等の刑の執行を思い浮かべますが。

教官　残虐とは、刑罰の執行方法が非人道的、非文化的で通常の人間的感情を持っている者に強いショックを与える程度の執行方法をいい、その方法は、その時代によって変化するものと思います。

学生　死刑判決が出るたびに、死刑は「残虐な刑罰」に当たり、憲法違反だと論議されますがどうなんですか。

教官　結論から言いますと、通説・判例は当たらないとしています。

学説の一部は当たるとしていますがね。確かに人の生命は地球より重く尊重すべきです。しかし、同時に「公共の福祉、社会秩序の維持」という基本原則に反する場合は、生命に対する国民の権利といえども当然制限ないし、適法な手続によってこれを奪う刑罰を科せられることを定めています。

通説は、この社会、公共の福祉のために死刑制度の存続の必要性を承認したものと解しています。死刑は究極の刑罰かつ冷酷な刑罰ではありますが、刑罰としての死刑そのものが、この第三六条にいう残虐な刑罰に当たるとは考えられません。

　ただ、その執行方法が先ほど君が言った「火あぶり」等の方法で行われればこの第三六条違反になります。

学生　現在は刑務所において、絞首ですね。

教官　そうです。現在各国で採用している死刑執行方法は、絞首、斬首、銃殺、電気殺、ガス殺でそれぞれ一長一短の批判がなされていますが、我が国の執行方法が特に残虐な方法とは解されていません。

学生　第三八条第二項に「拷問による自白は、証拠とすることができない。」とありますが、第三六条と第三八条の「拷問」は同意義ですね。

教官　そうです。拷問は、自白強要のために行われることが多いので、第三八条において拷問による自白は証拠能力が否定されています。

●参考判例●

・最大判昭23・3・12
・最大判昭30・4・6
・最大判昭24・12・21

〈本事例の検討〉

　本事例と同種の事案について、最高裁昭和二三年三月一二日の判決で、次のような判断が示されている。

　「刑罰としての死刑そのものが、一般に直ちに同条〔憲法三六条〕にいわゆる残虐な刑罰に該当するとは考えられない。ただ死刑といえども……その執行の方法等がその時代と環境とにおいて人道上の見地から一般に残虐性を有するものと認められる場合には、勿論これを残虐な刑罰といわねばならぬから、将来若し死刑について火あぶり、はりつけ、さらし首、釜ゆでの刑のごとき残虐な執行方法を定める法律が制定されたとするならば、その法律こそは、まさに憲法第三十六条に違反するものというべきである」

5　裁判を受ける権利・弁護人依頼権

K藤組
事務所――
ここ数日K藤組は対立するT田組との抗争が激化していた。
この日、T田組への襲げきの準備をしている最中のことであった。
全員動くな――っ
凶器準備集合罪及び銃刀法違反で全員逮捕する！
K藤組幹部
吉岡
くそ…誰かがタレコミやがったな。
後日勾留されている吉岡のもとに私選弁護人がやってきた。
吉岡さん証拠もつかまれています。ここは素直に自白して刑の減軽を狙いましょう。
バカヤロオ てめえ弁護士だろオ！
無罪にできねえやつには用がねえんだよ。
これじゃだめだ。弁護なんてできないよ。
この結果、私選弁護人は辞任し――

ヨロシク
裁判所より国選弁護人が選任されたが…

私の言う通りにしてください。

ふざけるなてめえそれでも弁護士かよ！

ドカッ
これも結局辞任する。

それではいつまでたっても弁護人が決まらないぞ。

フン…

そうだよ　オレはそれを狙ってんだよ。

弁護人を選任してはやめさせる。そうすればいつまでたっても裁判は開けないからな。

憲法第三七条第三項には「刑事被告人は、いかなる場合にも、資格を有する弁護人を依頼することができる。被告人が自らこれを依頼することができないときは、国でこれを附する」とある。

新しい国選弁護人を選任してくれ。

もっと優秀なやつ頼むよ。

だが裁判所はこの請求を却下し、
な…

弁護人なしで審理し、一審・二審で有罪が言い渡された。

裁判所
なぜだ！憲法には弁護を受ける権利があると書いてあるじゃないか。

吉岡は、憲法第三七条第三項を理由に上告した。

第三二条〔裁判を受ける権利〕
何人も、裁判所において裁判を受ける権利を奪はれない。

第三七条〔刑事被告人の権利〕
① すべて刑事事件においては、被告人は、公平な裁判所の迅速な公開裁判を受ける権利を有する。
② 刑事被告人は、すべての証人に対して審問する機会を充分に与へられ、又、公費で自己のために強制的手続により証人を求める権利を有する。
③ 刑事被告人は、いかなる場合にも、資格を有する弁護人を依頼することができる。被告人が自らこれを依頼することができないときは、国でこれを附する。

第八二条〔裁判の公開〕
① 裁判の対審及び判決は、公開法廷でこれを行ふ。
② 裁判所が、裁判官の全員一致で、公の秩序又は善良の風俗を害する虞があると決した場合には、対審は、公開しないでこれを行ふことができる。但し、政治犯罪、出版に関する犯罪又はこの憲法第三章〔国民の権利及び義務〕で保障する国民の権利が問題となつてゐる事件の対審は、常にこれを公開しなければならない。

論点（ポイント）

- ○ 公平かつ迅速な公開裁判を受ける権利
- ○ 弁護人選任権と権利の濫用

教官　裁判を受ける権利はこの第三二条で何人に対しても保障していますが、第三七条は刑事被告人としての保障です。

学生　被告人のみ公平な裁判所の迅速な裁判を受ける権利を有して、他の者にはこれらの権利はないのですか。

教官　第三二条の趣旨は、この権利は自らが裁判所に訴訟を提起して裁判を受ける権利、被告人として裁判を受ける権利を規定したものであり、第三七条は更に刑事被告人として人身の自由にかかわるので、特に具体的に規定しているのです。

学生　第三七条を見ますと、第一項が公平かつ迅速な公開裁判を受ける権利、第二項が審問権、第三項が弁護人選任権ですね。

教官　そうです。具体的に検討してみましょう。

学生　第一項の「公平な裁判所」とはどういう意味ですか。

教官　「公平な」は、裁判所を示しておりますので、「公平な裁判所」というと、当事者の一方のみに利益、又は不利益となるおそれのない裁判所ということですね。

学生　教官、現在の裁判制度をみますと、非常に長期化していますね。特に民事事件もそうですが、刑事事件でも十数年審理している裁判もあります。これはこの第三七条のいう「迅速な」に違反していますよ。

教官　「迅速」とは、どの程度の時間的範囲を示すのかは一概に決定しかねます。いわゆるメーデー事件の第一審の判決には事件発生以来一七年九か月を要し、当時外国では「世界で一番長い裁判」とまで報じられましたが、最高裁は第三七条に反しないとしました。

最高裁は、昭和四七年一二月の裁判で、若干の審理をした後、一五年間審理を放棄していた事件について、「迅速な裁判を受ける権利は基本的人権の一つで単にこれを保障するための立法上、行政上の措置を要請するに止まらず、個々の事件で著しい遅れの結果、被告人の人権が害されたと認められる異常な事態が生じた場合は、具体的規定がなくても審理打ち切りの非常救済手段がとられるべきである。」として免訴を言い渡した裁判があります。つまり、第三七条第一項の違反となるような裁判は、被告人の人権が害されたと認められる異常な事態が生じている場合と解されています。

学生　今までに第三七条違反となった裁判はありますか。

教官　ありません。

学生　それにしても長期間かかりすぎる気がします。

教官　君も教わったと思いますが、大須騒擾事件は統一組では第二審までに二二年、分離組は二六年を要していますが、裁判所は迅速な裁判の保障に反する異常な事態に立ち至っていないとしています。

「異常な事態」については、審理打ち切りの救済手段をとる前提として、

① 被告人が逃走、出廷拒否、又は審理の引き延ばし等遅延の原因を与え、被告人自らが迅速な裁判を受ける権利を放棄したと認められないこと

② 審理遅延の結果、被告人の防御権の行使に実害が明白かつ具体的に発生していることが認定されることが必要であり、裁判所は真剣に審理に努めたが関係者が多数で事案の複雑性等のため、結果として審理に長期間を要しても第三七条に違反しません。

学生　次の「公開裁判」ですが、すべての刑事事件、民事事件の訴訟はすべて公開ですか。

教官　第三七条の「公開裁判」とは、憲法第八二条でいう対審及び裁判が公開の法廷で行われる裁判をいいます。
学生　少年事件の家庭裁判所の審判は含まれませんね。
教官　第三七条の裁判は、民事及び刑事の訴訟手続ですので、例えば非訟事件や家事審判手続は、ここにいう裁判には含まれません。君の言う少年事件は公開とはなりません。
しかし、法律で必要のある場合に公開の原則が認められることまで第三七条は禁止しておりませんので、例えば海難審判や公正取引委員会の審判手続は公開を原則としています。
学生　「対審」とは、裁判官の前で原告側と被告側が対立すると解していいですか。
教官　そうです。訴訟の本格的審理の段階ですね。民事訴訟では口頭弁論、刑事訴訟では公判手続の段階ですね。
学生　公開に適さない裁判はありますか。
教官　それは、憲法第八二条第二項に規定されている「公の秩序又は善良の風俗を害する虞があると決した場合」に当たると裁判官全員の一致した意見で決定する場合です。
学生　次の第二項の「審問権」ですが、ここでいう「証人」は「すべての証人」とあるとおり、あらゆる証人であるわけですね。
教官　第二項の規定する証人尋問権は前段と後段があり、前段は刑事訴訟法上の証人のみならず、鑑定人、共犯者も含みます。「すべて」とは、被告人にとって有利な証言をする証人を尋問する権利はもとより、被告人にとって不利な証言をする証人と対審する権利、つまり反対尋問権があることが重要であります。
また、すべての証人を尋問することは、被告人が申請するすべての証人を尋問する意味ではなく、具体的事件において必要適切な証人を尋問すれば足り、その判断は裁判官の自由裁量になっています。
後段は、公費、つまり裁判所の喚問手続によって証人を出頭させて証言を求めることができる権利をいいます。
学生　でも、判決の時、「当訴訟費用は被告人の負担とする。」という判決を聞いたことがありますが、これは第二項違反ではないのですか。
教官　これには学説も意見の分かれるところですが、「有罪判決を言い渡された場合、被告人に訴訟費用の負担を命じてはならないという趣旨の規定ではない。」（最大判昭23・12・27）というのが通説となっています。

学生　反対の意見はどんな理由によるものですか。

教官　判決の時に費用の負担を命じられることを考えて証人申請を差し控えることにもなりかねず、訴訟上の防御権が十分に行使できないとの反対意見がありました。

学生　教官、そういえば国民参加の「裁判員制度」が発足して三年以上が過ぎ、国民の間に定着したようですが、司法制度改革の走りとして審議されたのでしょうね。国民参加型裁判であり、憲法の「公平かつ迅速な公開裁判を受ける権利」を保障する制度ですね。

教官　平成一一年ころ一層複雑・多様化、国際化する国際社会にあって、司法の役割は重要性をもつようになりました。司法の機能を充実強化し、国民が身近に利用することができ、社会の法的なニーズに迅速的確に対応することができる司法制度を構築する必要があったのです。

学生　この制度は、一般国民が裁判員に選ばれて公判審理を行うものですが、確か警察官は裁判員にはなれませんね。

教官　そうです。原則二〇歳以上の国民であれば誰でも裁判員になることができますが、例外として、一定の前科がある者、被告人や被害者の親族、国会議員、司法関係者（裁判官、検察官、弁護士）、それに不公平な裁判をするおそれがある人も裁判員になることはできません。

学生　裁判員として刑事裁判の公判に参加して裁判が身近なものになったり、犯罪や社会のことを考える機会になればいいですね。

教官　そうですね。国民の積極的な協力がなくては成り立たない制度です。

●参考判例●

・最判昭54・7・24

〈本事例の検討〉

本事例と同種の事案について、最高裁昭和五四年七月二日の判決で、次のような判断が示されている。

「右事実によれば、被告人らは国選弁護人を通じて権利擁護のため正当な防禦活動を行う意思がないことを自らの行動によって表明したものと評価すべきであり、そのため裁判所は、国選弁護人を解任せざるを得なかったものであり、しかも、被告人らは、その後も一体となって右のような状況を維持存続させたものであるというべきであるから、被告人らの本件各国選弁護人の再選任請求は、誠実な権利の行使とはほど遠いものというべきであり、このような場合には、形式的な国選弁護人選任請求があっても、裁判所としてはこれに応ずる義務を負わないものと、解するのが相当である。

ところで、訴訟法上の権利は確実にこれを行使し濫用してはならないものであることは刑事訴訟規則一条二項の明定するところであり、被告人がその権利を濫用するときは、それが憲法に規定されている権利を行使する形をとるものであっても、その効力を認めないことができるものであることは、当裁判所の判例の趣旨とするところであるから……、第一審が被告人らの国選弁護人の再選任請求を却下したのは相当である。」

6　不利益供述拒否権

某警察署――第一取調室
北村さん。
いい加減しゃべってもらえませんかねえ。
北村（47）は地元市役所の土木課長であるが、
…………
土木工事に関して指名入札、業者選定に絶大な権力を持っていた北村は収賄容疑で
贈賄業者の南川（56）と共に逮捕された。
同時刻第二取調室
南川さんもう観念したらどうです？
しつこいな何度言えばわかるんだ。
私は賄賂なんて贈ってないよ。
ド
2人ともしぶといですね。
うむ……
気が進まないがあの手を使ってみようか。

南川さん
もう頑張る必要
はないですよ
はあ？
北村さんが
あなたから賄賂を
受け取ったことを
自白しました。
話して
もらえますね。
……
同様に北村に対して
自白を促した結果
双方とも贈収賄の
事実を認めた。
２人は共に
懲役１年追徴金
200万円の有罪判
決を受けた。
裁判所
だが…
こんな取調べは
偽計による違法
なものだ。
そうだ
自白には証拠
能力はない。
北村及び南川は訴訟において、
取調べは偽計によるもので
あり、憲法第三八条第三項に違
反すると争った。

第三八条［自己に不利益な供述と自白の証拠能力］

①　何人も、自己に不利益な供述を強要されない。

②　強制、拷問若しくは脅迫による自白又は不当に長く抑留若しくは拘禁された後の自白は、これを証拠とすることができない。

③　何人も、自己に不利益な唯一の証拠が本人の自白である場合には、有罪とされ、又は刑罰を科せられない

学生　第三八条は黙秘権を認めたものですか。

教官　そうです。刑事訴訟法は、この第三八条を受けて第一四六条、第一九八条、第二九一条、第三一一条、第三一九条では、憲法の要請である不利益供述拒否権よりも広いいわゆる黙秘権を保障しています。

第三八条は、刑事手続において不当に身体拘束されないように、自白を強要することを禁止し、任意になされなかった疑いのある自白の証拠能力を否定し、その証明力も制限しています。

論点（ポイント）

- ○　**不利益供述拒否権と黙秘権**
- ○　**自白の証拠能力**

学生　実際捜査員としては、被疑者の自白を得てその裏付捜査をし公訴するわけですが、その唯一の武器である自白を得ることができないのでは、捜査ができません。「自白は王」ではないのですか。

教官　確かに君の言うように捜査に従事している者としては困りますね。

学生　そうですよ。教官が言われるように刑事訴訟法第一九八条では、必ずしも不利益な供述に限らず「自己の意思に反して供述をする必要がない。」とか、同第三一一条では、「終始沈黙し、又は個々の質問に対し、供述を拒むことができる。」と規定しているのですよ。

教官　君たち捜査担当者は、どのようにして自白を得る努力をしていますか。

まさか強制したり、脅迫をして自白を強要していないですよね。

学生　そのようなことはしていません。

私たちは、やはり被疑者の情に訴え、説諭し、改悛の情を起こさせて自白を得ています。

教官　「自己に不利益な供述」とありますが、君はどの程度が不利益な供述であると思います

か。

学生　自分が有罪となるおそれのある供述すべてではないですか。

教官　ですから、懲役、罰金、追徴金、自己の名誉を害するような事実の供述かと思います。

学生　第三八条での「自己に不利益な供述」というのは、有罪判決の基礎となるべき事実、量刑に関する事実つまり自分の刑事責任の有無、その範囲について不利益となるという意味です。

教官　したがって、君の言う財産上の罰金、科料、没収、追徴等刑罰の内容の供述は除かれ、また名誉を低下させるような事実の供述も含まれません。

学生　少し助かりました。被疑者の中には住所や氏名を供述しない者もいますが、これも黙秘権として認められているのでしょうか。

教官　氏名は含まれません（最大判昭32・2・20）。

学生　第二項前段の「強制、拷問若しくは脅迫」は何か言い方が不自然ですね。拷問や脅迫という行為が自白を強制することになるのではないですか。

教官　そうです。拷問若しくは脅迫は、強制の手段ですので、拷問、脅迫その他の強制を明記した方が理解しやすいでしょうね。この拷問は、憲法第三六条と同意義であり、脅迫とは相手に畏怖心を生ぜしめる一切の害悪の告知を意味しています。

学生　強制は肉体的、精神的に威圧を加えて自由な意思決定を抑圧するすべての行為と思いますが、具体的にはどのような方法ですか。

教官　そうですね。この第三八条で拷問、脅迫を強調して明示しておりますが、それ以外の手段としては、例えば食事や睡眠をとらせないとか、本事例のように偽計を用いること、利益誘導による取調べによって自白を得ることもここでいう強制による自白と解します。このような圧力を受けた状態で得た自白は本人の正常な判断意思から任意になされたものと言い難く、任意性がない自白となります。

学生　本事例ですと、土木課長が自白していないのに自白したように偽計を用いて贈賄業者を取り調べて自白を引き出したのですから､第三八条違反に当たるわけですね。

教官　そうです。このような方法は被疑者が心理的強制を受け、虚偽の自白を生み出すおそれがあり、自白の任意性に疑いがあり証拠能力が否定されます。

学生　第二項後段の「不当に長く」とは、抽象的な表現ですね。

教官　そうですが、一律的に定めることは困難ですね。具体的事件における共犯の数、事件の複雑性、関係者の数、犯行の期間等一切の事情を考慮して決めるべきものですね。いずれにしても、単に自白の時期が不当に長く抑留又は拘禁後に行われた一切の場合を意味するものではなく、その長期の抑留又は拘禁と自白の間に明らかな因果関係が認められなければなりません。

学生　これらによって得た自白は証拠とすることができない、ということは証拠として採用されず、証拠能力はないということですか。

教官　そうです。いずれの場合も任意性がない自白の証拠能力を否定しております。先ほども話しましたが第二項の趣旨を受けた刑事訴訟法第三一九条に明記されています。

学生　どのような事例がありますか。

教官　事例としては、

・捜査員が被疑者に手錠を施したまま取り調べた場合

・捜査員が自白すれば起訴猶予にすると言ってこれを信じて自白した場合（最判昭41・7・1）

・偽計を用いた場合

等があります。

学生　取調べの際には任意性の確保に留意したいと思います。

次の第三項は、有罪とする証拠が本人の自白しかない場合は有罪には科せられないことを意味しているものですね。

教官　そうです。例えば時効近くの古い殺人事件を自白したけれど、死体も凶器も、また目撃者や共犯者もなく、具体的事件の発生を裏付ける補強証拠が一切ない場合ですね。

学生　言い換えれば第三項は、本人の自白を補強する証拠がなければ、本人がいくら犯行を自白しても有罪となし得ない、ということになりますね。

ところで、その補強証拠はどの程度のものであれば十分と言えますか。

教官　判例によりますと自白の補強証拠は、自白の真実性を裏付けるに足りるものであれば十分で、間接的証拠であれ、直接的証拠であれこれを問いません（最決昭26・12・6）。

学生　自白のみでは有罪とされず、必ず自白を補強する証拠が必要であることも理解できましたが、共犯事件の場合で物証等補強証拠がなく共犯者の自白のみがある場合は、このことのみで有罪にはなりませんか。

教官　学説の多くは自白偏重防止からすれば「本人の自白」と共犯者の自白を区別することは理由がない、としています。つまり、共犯者の自白も「本人の自白」に含まれ、当然共犯者の自白以外の補強証拠が必要であるとしています。

しかし最高裁は、「被告人本人との関係においては、被告人以外の者であっても被害者、その他純然たる証人とその本質を異にするものではない。されば、かかる共犯者、又は共犯被告人に犯罪事実に関する供述は憲法第三六条第二項のごとき証拠能力を有しないものでない限り自由心証に任せるべき独立完全な証明力を有するものといわざるをえない。」としています（最大判昭33・5・28）。

ですから、本事例の場合のように自白を得るための取調べの方法とは異なりますが、贈収賄事件で、贈賄者が自白し、収賄者が否認し、他に証拠がない場合は収賄者の処罰ができるのです。

学生　でも、このような贈収賄事件ですと贈賄、収賄双方の自白以外の補強証拠をもって固めていますから公判に問題はないと思います。

教官　でしょうね。贈収賄事件を例にしましたが、実際は憲法理論上処罰が可能ということであり、捜査実務としては、補強がなければ起訴を見合わせるでしょうね。

また、この「本人の自白」には、公判廷での被告人の自白は含まれません。なぜなら、公判では強制的に自白を得るというおそれがないから、その自白は証明力が完全であるということです。

学生　自白は王ではなかったですね。

最後に証拠能力と証明力についてご教示ください。

教官　証拠には、証拠能力と証明力とがあり、証拠能力とは証拠として採用され得る能力で、証明力とは証拠が犯罪事実を証明し得る能力をいいます。

前者は証拠として用いられるかどうかということであり、後者は用いられる証拠がどの程度犯罪事実を証明する能力（信用性）があるかです。

つまり、任意性のない自白には証拠能力に制限があり、任意になされた自白には補強証拠を要するとするのが証明力の制限です。

捜査官としては、粘り強い説得をし、改悛させ、任意性のある自白を獲得することに努めることが責務ですね。

学生　分かりました。今後も任意性、信用性のある自白の確保に努めます。

●参考判例●

・最大判昭45・11・25

・最大決昭23・7・29
・最判昭38・9・13

〈本事例の検討〉

本事例と同種の事案について、最高裁昭和四五年一一月二五日の判決で、次のような判断が示されている。
「捜査手続といえども、憲法の保障下にある刑事手続の一環である以上、刑訴法一条所定の精神に則り、公共の福祉の維持と個人の基本的人権の保障とを全うしつつ適正に行なわれるべきものであることにかんがみれば、捜査官が被疑者を取り調べるにあたり偽計を用いて被疑者を錯誤に陥れ自白を獲得するような尋問方法を厳に避けるべきであることはいうまでもないところであるが、もしも偽計によって被疑者が心理的強制を受け、その結果虚偽の自白が誘発されるおそれのある場合には、右の自白はその任意性に疑いがあるものとして、証拠能力を否定すべきであり、このような自白を証拠に採用することは、刑訴法三一九条一項の規定に違反し、ひいては憲法三八条二項にも違反するものといわなければならない。」

7　遡及処罰の禁止・一事不再理

O・Jシンプソン事件で裁判所は
無罪判決を下しました。
ウームそれじゃ弁護士《せんせい》、
検察はだまってないだろう。
いやアメリカでは、検察官による上訴が認められていないのです。
じゃあOJは無罪放免というわけか。
代議士　片山大介
その後――片山は、衆議院選挙で
支援者に金銭を贈り、買収罪で逮捕される。
先生よろしくお願いしますよ。
そしてその裁判の結果

判決を言い渡す。

懲役3か月
執行猶予1年
何とか実刑はまぬがれましたな。

フフ…

さすが弁護士《せんせい》だ。

だが検察側は量刑不当として控訴し――

くっ…

裁判
二審では懲役6か月の実刑となる。

実刑か…刑務所に入りたくないな。

弁護士《せんせい》、例のＯＪのようにはいかないでしょうか。

どうでしょう…難しいですがやってみましょう。

裁判所
上告審において、片山側は、憲法第三九条はアメリカ憲法にいう「二重の危険の法理」に由来するものであるから、一審よりも重い刑を、二審で言い渡すことは第三九条に反する、と主張し争った。

第三九条［遡及処罰の禁止・一事不再理］
何人も、実行の時に適法であつた行為又は既に無罪とされた行為については、刑事上の責任を問はれない。又、同一の犯罪について、重ねて刑事上の責任を問はれない。

学生　この第三九条で我々捜査員として問題になるのは、検察官控訴、親告罪取下げ後の捜査、不起訴処分後の捜査ですね。

教官　そうですね。捜査員としては気になるところであると思いますので、この際しっかりと勉強してください。

学生　はい。まず前段の「実行の時に適法であった行為」や「既に無罪とされた行為」は刑事上の責任を問われないとなっていますが、つまり、これは罪刑法定主義の趣旨ですね。

教官　よく気が付きましたね。そうです。前段前半は、法律がなければ処罰されない、とする罪刑法定主義の派生原則の一つである「遡及処罰の禁止」であり、前段後半と後段は、「一事不再理の原則」とされています。

学生　要するに行為時に処罰の対象となっていなかった行為は、その後たとえ禁止行為（処罰の対象）とされても後になって刑事上の責任を問い処罰することはできないとか、裁判において無罪の確定判決を受けた行為についても同様であるということですよね。

教官　よく理解していますね。

学生　この辺までです。

教官　第三九条前段でいう「既に無罪とされた行為」とは、裁判において無罪が確定したことを意味しており、下級審の無罪判決に対して検察側が有罪を主張して控訴したり、本事例のように有罪の判決に対して量刑不当を理由に上訴することは第三九条に違反しません。

「無罪」とは、国の判断により確定したことを意味し、控訴や上告等通常の上訴方法による争いが無くなった状態を意味します。ですから、君が疑問に思っている検察官の控訴は当然訴訟上の手続として許されるものであります。その理由は、その時点の有罪は手続上の最終的な国家的判断による確定ではないからです。

学生　一事不再理の効力はどのような場合に発生するのですか。

論点（ポイント）

○　罪刑法定主義の原則

教官　効力は有罪、無罪の裁判例があった場合に限られ、公訴棄却裁判、勾留裁判など形式的裁判には生じません。ですから、君が最初に挙げた親告罪については、被告人に対する告訴の取消しがなされると、その時点で公訴権は消滅することから公訴棄却裁判により公訴棄却が決定しますが、一事不再理の効力は発生しません。

また、捜査段階での検察官の不起訴処分においても第三九条の適用は受けませんので、容疑を固め再逮捕の上公訴することは第三九条に違反しませんね（最大判昭28・12・9）。

学生　外国における日本人の凶悪事件について、その日本人が外国で有罪とされた後、日本で同罪で逮捕され、長期勾留後有罪となることはあり得るのですね。

教官　そうですね。第三九条は、日本の裁判権について規定したものであり、外国において確定判決を受けた者を同一の行為に対して重ねて処罰することは許されます（刑法五条）。

学生　教官、このような場合はどうですか。

ある男が他人の家に侵入して盗みをした場合、住居侵入罪で罰金に処せられ、それが確定した後、窃盗の事実も判明したことから窃盗罪について刑事責任を問えますか。

教官　この場合は、第三九条でいう「同一の犯罪」行為に当たるかが問題ですね。

君も知っているとおり、この場合は刑法の牽連犯、つまり科刑上の一罪に当たり犯罪事実の同一性が認められています。ですから当然刑罰を科すことができません。

このほかにも、例えば人を傷つけ傷害罪で起訴され有罪確定後、その被害者が死亡した場合は傷害致死罪に問えるか、の問題があります。君はどう思いますか。

学生　傷害致死は傷害の結果的加重犯ですよね。そうしますと犯罪事実の同一性がありますので、刑事責任は問えないと思います。

教官　そうですね。第三九条に違反せずに刑を科すことができるものとしては、併合罪、累犯加重があります。

●参考判例●

・最大判昭25・9・27
・最判昭28・7・22
・最大決昭42・3・8

〈本事例の検討〉

本事例と同種の事案について、最高裁昭和二五年九月二七日の判決で、次のような判断が示されている。

「元来一事不再理の原則は、何人も同じ犯行について、二度以上罪の有無に関する裁判を受ける危険に曝さるべきものではないという、根本思想に基くことは言うをまたぬ。そして、その危険とは、同一の事件においては、訴訟手続の開始から終末に至るまでの一つの継続的状態と見るを相当とする。されば、一審の手続も控訴審の手続もまた、上告審のそれも同じ事件においては、継続せる一つの危険があるのみであって、そこには二重危険（ダブル・ジェパーディ）ないし二度危険（トワイス・ジェパーディ）というものは存在しない。それ故に、下級審における無罪又は有罪判決に対し、検察官が上訴をなし有罪又はより重き刑の判決を求めることは、被告人を二重の危険に曝すものでもなく、従ってまた憲法三九条に違反して重ねて刑事上の責任を問うものでもないと言わなければならぬ。従って論旨は、採用することを得ない。」

8　刑事補償

横山は、そのすじでは有名な覚醒剤の売人である。
なかなかしっぽをださないいな。
仕方ないとりあえず覚醒剤所持でしょっぴくか。
横山は、覚醒剤所持容疑で逮捕された。
バン!!
横山おまえが売人だってことはわかってるんだ！
オレは売人じゃねえよ。
ウラがとれたぞ。
横山からシャブを買ったやつを見つけた！
証言があれば覚醒剤譲り渡しでいけそうだぞ！
よおし
裁判所
あなたは被告人から覚醒剤を買いましたか？

買ってません。
結局——
横山はこの裁判で無罪となった。
フフフ
くそ
後日
オマエの証言のおかげで助かったぜ。
それより横山ちょっと憲法を調べてみたんだが
オマエ国から金をとれるかもしれないぜ。
憲法第四〇条では「何人も、抑留又は拘禁された後、無罪の裁判を受けたときは、法律の定めるところにより、国にその補償を求めることができる」としている。
横山は覚醒剤譲り渡し罪について無罪となったものであるが、覚醒剤所持罪で抑留されたことを理由に、国に対して刑事補償を求めて提訴した。

第一七条〔国及び公共団体の賠償責任〕　何人も、公務員の不法行為により、損害を受けたときは、法律の定めるところにより、国又は公共団体に、その賠償を求めることができる。

第四〇条〔刑事補償〕　何人も、抑留又は拘禁された後、無罪の判決を受けたときは、法律の定めるところにより、国にその補償を求めることができる。

学生　第三一条から第三九条まで刑事事件における人権保障のための手続を規定していますが、この第四〇条は、その手続等が不備とか適正でなかった場合には、国に対する刑事補償請求権を保障しているのですね。

教官　君は、今、第三九条までと言いましたが、第三九条は刑罰に関する禁止規定であり、正しくは第三八条までです。

この請求権は刑事手続における基本的権利として第三九条に続く規定です。この規定を受けて刑事補償法が制定され、その手続を定めています。第四〇条後段に「法律の定めるところにより」と規定されておりますが、刑事補償法がこれに当たります。

論点（ポイント）

○　国家賠償と刑事補償との関係

学生　起訴されず、釈放された場合も補償の対象となるのですか。

教官　この補償については、被疑者補償規程があり被疑者として抑留又は拘禁された者が不起訴となった場合は、同規程第二条に「その者が罪を犯さなかつたと認めるに足りる十分な事由があるとき」は検察官が補償することができるとしています。

何も検察官が個人的に補償する意味ではなく、国が行政措置として補償金を支払っています。

学生　憲法第一七条に損害賠償請求権が規定されていますが、この第一七条で補償はできないのですか。

教官　いいところに気が付きましたね。立法の根本的趣旨としては、両者は共通しています。しかしこの第四〇条は、司法権の行使として適法に自由を拘束した後、その根拠がなく違法であることが判明した場合に、その時点で救済しようとするものに対し、第一七条は最初から公務員による違法な自由の拘束である場合に限って損害を賠償するもので、その賠償される範囲は狭いものとなっていますね。その第一七条に基づき国家賠償法が制定されています。

学生　「補償」と第一七条の「賠償」との言葉の使い分けは何か理由がありますか。

教官　特別な理由となる根拠は見当たりませんが、第一七条では公務員の不法行為により国民に損害を与えたのですから「賠償」であり、一方第四〇条は必ずしも違法（不法）行為による場合に限らず、適法になされたものも含む意味があり、「賠償」とは言わず、「補償」としているのです。

学生　「無罪の裁判」の無罪は、前条の「無罪とされた行為」の無罪と同一の意味ですか。

教官　同様です。

しかし、本条の無罪の裁判には、形式的意味、いわゆる無罪確定判決のほかに、実質上犯罪の嫌疑がない場合も含まれます。

学生　どういうことですか。

教官　裁判には、無罪の裁判の他に免訴（刑事訴訟法三三七条）、公訴棄却（同三三八条、三三九条）の裁判がなされれば実質的には、犯罪の嫌疑がなかったことを意味し、もし公訴棄却等の裁判がなされなければ当然無罪の裁判を受けたのであろうと認められるものも含まれるということです。このことは刑事補償法第二五条第一項に明文化されています。

学生　捜査をした結果、犯罪が無罪となるかどうかは、最終的には最高裁でなければ確定できないので、有罪を得る捜査に心掛けなければいけませんね。

教官　そうですね。

第四〇条の趣旨は、実質的に無罪となった場合に、その被害者を救済することにあります。

学生　「抑留」や「拘禁」は憲法第三四条での抑留、拘禁と同意義ですね。

教官　そうです。「抑留」とは一時的な自由の拘束をいい、「拘禁」とは継続的な自由の拘束をさし、勾留だけではなく、刑の執行としての拘束も含まれます。

学生　自由刑の執行とか、労役場留置が含まれるということですね。

教官　そうです。

死刑執行のための拘束も含まれます。また、少年法による未決の抑留、又は拘禁もこれに当たります。いずれにしてもこれらの場合、その後の裁判で無罪の裁判を受けたことを要することはいうまでもありません。

学生　そうしますと、第四〇条は、「抑留」又は「拘禁」で自由を拘束された者が、無罪裁判を受けた場合という二つの要件があるわけですね。

教官　そうです。いずれにしても無罪の裁判を受けた者であることを要します。

学生　教官、例えば殺人容疑のある者を別件の窃盗罪で逮捕勾留し、その後の取調べで窃盗は不起訴処分となり、殺人について取り調べた結果、殺人罪で起訴されたけれど無罪となった場合は、この拘束は客観的に違法であったとなるわけですが、どの部分から違法な拘束なのか区分できないと思います。

教官　君の例は、当然窃盗罪の逮捕行為そのものが適法であることが必要でありますが、適法であったことを前提に説明します。

先ほど君が犯罪が無罪かどうかは最後になってみなければ分からない、と言ったように確かに罪を犯したかどうかは判決前には確定できず、その時々の認定によるほかはありません。

刑事訴訟法によれば、一定の犯罪の嫌疑が認定された時は自由を拘束することが適法となります。しかし、後になってこの嫌疑が根拠のないものであることが明白となったとき、結果としてその拘束が違法となり、抑留又は拘禁が開始された時点を中心に考えるべきことが第四〇条の救済の趣旨です。

ですから、君の例では最初窃盗罪で自由を拘束した時点から、第四〇条の抑留又は拘禁に当たります（最大決昭31・12・24）。

なお、最初の窃盗罪による拘束が逮捕の要件を欠く違法なものであれば、第一七条による国家賠償の対象であることはいうに及びません。

学生　その第一七条で賠償を受けた者は重ねて第四〇条の補償は受けられませんか。

教官　先ほども説明しましたように、両条とも根本的に趣旨は共通していますが、対象の要件が異なることからいずれか一方のみとなります。

つまり、刑事補償法第五条第二項は、「補償を受けるべき者が同一の原因について他の法律によつて損害賠償を受けた場合において、その損害賠償の額がこの法律によつて受けるべき補償金の額に等しいか、又はこれを越える場合には、補償をしない。その損害補償の額が法律によつて受けるべき補償金の額より少いときは、損害賠償の額を差し引いて補償金の額を定めなければならない。」と定めており、両方の補償は受けられるが二重取りはできません。

学生　第四〇条を勉強中にこの第一七条と第四〇条とで疑問に思ったのですが、国家賠償法では、公務員が「故意又は過失によって違法に他人に損害を与えたとき」とありますよね。第四〇条の保障も結果的に無罪の裁判がなされたということは、警察官なり、検察官の過失があったということになりませんか。

しかも、国又は公共団体はその公務員に対して求償権を有するとしていますね。

教官　確かに君の言うように、結果からみると捜査の過程において事実認定、捜査方法、手続等の不備があり適正捜査を欠いたと指摘され、これを容認せざるを得ないと思います。

警察官が被疑者を逮捕し、検察官が勾留を請求し、起訴することは、それぞれの時点で必要とされる要件を充たしていれば、その事件が後で無罪となったとしても違法な行為とはなりませんから、国家賠償の対象とはなりません。

しかし、犯人ではない者を拘束したとすれば、それによる不利益をそのまま放置することはできません。第四〇条はこのような見地から抑留・拘禁を受けた者が無罪となった場合には国がその補償を行うこととしているのです。

ですから、第四〇条の趣旨を受けた刑事補償法第四条第二項に「拘束の種類及びその期間の長短、本人が受けた財産上の損失、得るはずであった利益の喪失、精神上の苦痛及び身体上の損害並びに警察、検察及び裁判の各機関の故意過失の有無その他一切の事情を考慮し…」として、精神的、物理的損害の補償を定めています。

その補償額についても「一日千円以上一万二千五百円以下」（同法四条一項）と一定の範囲を定めていますが、額を決めるにあたって損害の程度、故意過失の度合い等を考慮しています。

ただ、捜査時には適法であったことから、国家賠償法の「故意又は過失」とは明確に区別されます。

学生　無罪を勝ち取った者が、補償を受けた後、「実は私が犯人です。」と名乗った場合は国に補償金を返却するのですか。第三九条の一事不再理と関係しますね。

教官　いくら犯人であることが分かっても捜査することはできません。根拠は君の言う第三九条ですね。

刑事責任を科することができない以上、その補償金を返却する義務は生じません。

学生　何かやりきれませんね。

教官　捜査を取り巻く環境は一層厳しくなる一方、コンピュータ犯罪等の新型の犯罪も誕生しています。

捜査員は一人一人の事件解決の「熱意」、「正義感」、「妥当性」等で地道に基礎捜査を徹底し、スキのない捜査手続を踏むことが大事ではないでしょうか。

万引き事件等軽易な事件ほどないがしろにし、粗略に扱いますが、一つの事件を立証し被疑者を有罪とすることは、大きい事件も小さい事件も差異はありません。むしろ軽易な事件ほど慎重に行うべきではないのでしょうか。

我々は常に公判維持を主眼にした合法・合理・妥当な捜査、いわゆる適正捜査に十分留意するとともに、被疑者を含む捜査関係者の人権に配意した捜査、被害者対策に配意した捜査を行わなければなりません。

学生　教官、長い間丁寧なご教示をいただきありがとうございました。

●参考判例●

・最大決昭31・12・24
・最大決昭42・3・8

〈本事例の検討〉

本事例と同種の事案について、最高裁昭和三一年一二月二四日の決定で、次のような判断が示されている。

「憲法四〇条は、『……抑留又は拘禁された後、無罪の判決を受けたとき……』と規定しているから、抑留または拘禁された被疑事実が不起訴となった場合は同条の補償の問題を生じないことは明らかである。」

ヴィジュアル法学
事例で学ぶ　憲　法

平成12年８月28日　初　版　発　行
平成25年３月１日　２　訂　版　発　行（新装版）
平成31年３月10日　２訂版３刷発行

編　者　実務法学研究会

作　画　立　澤　克　美

発行者　星　沢　卓　也

発 行 所　東京法令出版株式会社

112-0002　東京都文京区小石川５丁目17番３号　03(5803)3304
534-0024　大阪市都島区東野田町１丁目17番12号　06(6355)5226
062-0902　札幌市豊平区豊平２条５丁目１番27号　011(822)8811
980-0012　仙台市青葉区錦町１丁目１番10号　022(216)5871
460-0003　名古屋市中区錦１丁目６番34号　052(218)5552
730-0005　広島市中区西白島町11番９号　082(212)0888
810-0011　福岡市中央区高砂２丁目13番22号　092(533)1588
380-8688　長野市南千歳町１００５番地
〔営業〕TEL 026(224)5411　FAX 026(224)5419
〔編集〕TEL 026(224)5412　FAX 026(224)5439
https://www.tokyo-horei.co.jp/

ISBN978-4-8090-1289-1